Histoire du Languedoc

M. Vignau

QUE SAIS-JE ?

Histoire du Languedoc

EMMANUEL LE ROY LADURIE

Agrégé de l'Université

Directeur d'études à l'Ecole Pratique des Hautes Etudes

Cinquième édition

35e mille

DU MÊME AUTEUR

Les paysans de Languedoc, Paris, S.E.V.P.E.N., 1966.
Histoire du climat, depuis l'an mil, à paraître, aux Editions Flammarion.

ISBN 2 13 042730 8

Dépôt légal — 1re édition : 1962
5e édition : 1990, janvier

108, boulevard Saint-Germain, 75006 Paris

CHAPITRE PREMIER

LES ORIGINES

I. — Des grottes ornées aux « oppida »

1. **Les chasseurs.** — Les découvertes d'outils permettent de retrouver en Languedoc, avec un aspect parfois original, certains aspects de la préhistoire européenne. Au Paléolithique inférieur (grotte de Fauzan, Hérault), voici plusieurs centaines de milliers d'années, des groupes clairsemés de chasseurs s'attaquent aux grosses bêtes. Fauves parmi les fauves, ils se heurtent aux félins, aux pachydermes dont le gisement de La Balauzière (Gard) conserve les restes accumulés.

Au Moustérien, et lors de la glaciation de Würm (au cours des derniers cent mille ans), les vestiges sont moins rares. On peut même parler d'un faciès « languedocien » du Moustérien (L.-R. Nougier), très net dans les basses vallées du Tarn et de l'Aveyron. En Languedoc tout comme en Dordogne, les chasseurs néandertaliens, munis d'armes plus efficaces, tuent les rennes, qu'un climat glacial installe près des torrents cévenols. Les bifaces de quartzite vert des grottes de Bize et de La Crouzade (Aude) sont un beau témoignage des industries lithiques de cette époque.

Un peuplement moins clairsemé est mis en place, avec l'apparition de l'*homo sapiens*. A la période d'Aurignac (Haute-Garonne) fait suite, après — 15 000, l'apogée magdalénienne. La province méridionale s'intègre alors à la civilisation de la pierre légère et des grottes ornées, qui s'irradie autour de l'aire culturelle franco-cantabrique. En possession des premiers éléments du machinisme — propulseurs, puis arcs et flèches —, les « Languedociens » de ce temps travaillent l'os, le silex, la corne, le bois de renne dont ils tirent poinçons, harpons barbelés, pointes de javelots (grotte Salpêtrière, Gard). Parmi ces chasseurs, il y a des artistes, et des sorciers. Les grottes ornées de l'Hérault, du Gard, de l'Ariège font partie du vaste ensemble d'art pariétal dont les vestiges sont dispersés du Levant espagnol au Poitou. Et sur l'une de celles-ci, aux confins du Languedoc, la représentation du sorcier dansant des Trois-Frères (Ariège), avec son masque barbu, sa queue postiche, sa ramure de cerf évoque l'un des personnages les plus redoutables d'une société dominée par la magie.

2. **Les agriculteurs.** — La disparition de l'inlandsis alpin, le réchauffement décisif du climat, au cours des dix derniers millénaires, rendent possible, comme ailleurs, l'apparition de l'agriculture, la révolution néolithique. A la société itinérante et traditionnelle des chasseurs, succède un monde rural, sédentaire et déjà moderne. Vers 3500 avant notre ère, certains traits de géographie humaine du Languedoc actuel, aujourd'hui encore essentiellement agricole, commencent à se fixer. La région prend figure.

C'est du Moyen-Orient, terre d'origine des céréales cultivées, qu'arrivent sur les côtes du golfe du Lion, par la voie maritime directe, ou par l'Italie et l'Espagne, les « bienfaits de la civilisation » néolithique. L'influence orientale — s'agit-il d'un simple contact culturel, ou de l'introduction d'un peuplement nouveau ? — apporte en tout cas dans la région les premières techniques agricoles (culture à l'araire du blé ou de l'orge), les rudiments de l'élevage (chèvre, mouton), de l'architecture, de la céramique, en dernier lieu de la métallurgie. On suit à la trace cet influx primitif, grâce à la céramique imprimée, puis gravée (chasséenne) qui le caractérise.

Vers la fin du IIIe millénaire, les nouvelles influences prennent une extraordinaire ampleur. A. Varagnac pense à une série d'invasions, comparables en importance à la vague islamique du VIIIe siècle. L'immense traînée des mégalithes, des dolmens, particulièrement nombreux dans les Causses languedociens est en tout cas très significative. D'origine immédiate andalouse, d'origine lointaine orientale, la civilisation « mégalithique » se répand sur le Languedoc, porteuse de biens culturels essentiels : le cuivre, le navire à voiles, une céramique spéciale (le gobelet campaniforme), enfin une religion particulière, dans laquelle le feu purificateur jouerait un rôle important. Les nouveaux venus sont probablement des Ibères.

Les influences n'expliquent pas tout. Chez les néolithiques languedociens, une différenciation d'ordre géographique semble s'être opérée. Sur les plateaux calcaires, dans la chênaie clairsemée des garrigues et des causses, tôt ravagée par le pacage, des pasteurs transhumants élèvent chèvres et moutons, pratiquent une maigre agriculture de complément, habitent des cabanes voûtées de pierre, les *capitelles*, du même type que les *nuraghe* sardes. A ces nomades des garrigues s'opposent les sédentaires des vallées, dont l'économie est surtout à base de production végétale, et qui font de l'agriculture sur les alluvions. Ils résident dans les cavernes qui taraudent les bords escarpés des petits cours d'eau languedociens, ces axes essentiels de peuplement : Gardons, Vidourle, Hérault. L'opposition entre montagne et plaine, élevage et agriculture, est ainsi anciennement attestée dans la région.

L'introduction du bronze se fait progressivement : à partir du IIe millénaire, les bronziers languedociens utilisent les filons de cuivre des Cévennes, et leur production — haches, longues épées, bracelets, fibules — est conservée dans les cachettes de fondeurs, dont un certain nombre ont été retrouvées. L'invasion, toute pacifique et commerciale, de ces nouvelles techniques métallurgiques, implique à la longue un lent renversement des courants culturels. L'influx méditerranéen et oriental perd sa prépondérance. L'âge du Bronze privilégie les routes continentales par rapport aux trajectoires maritimes : routes septentrionales, le long desquelles arrive l'étain des îles Cassitérides, routes rhodano-danubiennes grâce auxquelles parviennent jusqu'aux artisans languedociens les techniques mises au point par les bronziers des Carpathes et des monts de Bohême, ces remarquables métallurgistes.

3. Grecs, Celtes et Ibères : Ensérune. — L'influence continentale s'affirme avec plus de force encore dès le premier âge du fer languedocien (J. Jannoray, M. Louis). L'arrivée du nouveau métal coïncide en effet dans le temps avec la pénétration celtique, vers 800 avant notre ère. Les Celtes, venus de Suisse et de la région rhénane, descendent le long du Rhône, et s'installent d'abord dans les zones de basse altitude, où ils fondent des villages d'agriculteurs sédentaires. Ils pratiquent l'incinération, et parsèment les régions de Toulouse, de Carcassonne et de Narbonne de leurs nécropoles, les champs d'urnes. Vers — 600, une vague nouvelle surgit : des pasteurs celtes, poussant devant eux leurs troupeaux, s'avancent, l'épée de fer au côté, « sur les anciens chemins qui escaladent les montagnes et suivent la ligne de partage des eaux ». Venus par le plateau de Langres et les monts de Bourgogne, ils prennent possession des pâturages des garrigues et des Cévennes, au nord de Nîmes et de Montpellier, aux lieux mêmes où vivait encore l'ancienne civilisation des mégalithes. Ils s'installent au long des drailles, sur le réseau bien établi déjà de la transhumance. Ils inhument leurs morts : leurs tumulus, tas de pierrailles calcaires et sonores, subsistent aujourd'hui encore sur les hauts lieux des garrigues.

Mais dès cette époque (VIIe siècle avant notre ère), les influences méditerranéennes sont à nouveau perceptibles. Vers — 600, l'archéologie décèle la présence, au sein de la civilisation des plaines, d'éléments venus d'Italie du Nord, probablement ligures. Hécatée de Milet relève, non loin de l'emplacement actuel de Narbonne, la présence des « Elysiques, peuple ligure ». Les marins étrusques, eux aussi, s'intéressent aux rivages languedociens.

Le fait essentiel, dans ce domaine, est constitué par la pénétration grecque. Celle-ci, à ses débuts, est enveloppée de légendes : Hèraklès, revenant de l'île d'Erythie, et poussant devant lui les bœufs de Géryon, aurait franchi l'intervalle qui sépare les Pyrénées du Rhône, ouvrant la route qui s'appelle de son nom héracléenne. Au VIIe siècle, en tout cas, les Rhodiens s'établissent dans la région du Bas-Rhône, le pays *rhodanien*. L'étape décisive est franchie au VIe siècle avec la fondation de Marseille par les Phocéens. Désormais, par les pistes des Cévennes, par la voie royale d'Héraklès, par le cabotage du golfe du Lion, le commerce massaliote pénètre largement le Languedoc et y sert de relais au rayonnement hellénique. Les nouveaux venus apportent des denrées inconnues, l'huile d'olive, et surtout le vin ; ils vendent aussi ces vases précieux que les chefs indigènes, à Ensérune, ordonnent de disposer sur leur bûcher funéraire, et qui sont ensuite conservés dans leur tombeau. Enfin, ils tirent une grande partie de leur richesse du trafic du sel, si abondant le long des étangs littoraux, de Peccais à Sigean.

Le contact entre commerçants grecs et groupements autochtones est aujourd'hui bien connu, grâce aux fouilles effectuées sur les emplacements d'*oppida* du Languedoc central : il s'agit surtout d'Ensérune, site d'un ancien habitat indigène, perché sur une butte en forme d'éperon qui domine la plaine occidentale de Béziers, et systématiquement fouillé depuis le début du XXe siècle. Le grand nombre des tessons de poterie ionienne ou attique y montre l'importance du trafic hellénique, dès 500 avant notre ère. Et cette importance augmente encore par la suite. Au IVe siècle, le négoce massaliote prospecte la zone, jusque-là délaissée par lui, qui s'intercale entre le Rhône et l'Hérault, et prend contact avec les *oppida* de l'actuelle région de Montpellier (Substantion, Murviel, et, plus à l'ouest,

Saint-Thibéry). La fondation du comptoir d'Agde jalonne cette nouvelle expansion. Et après une période d'éclipse, due peut-être à l'impérialisme passager de Carthage, les derniers siècles avant notre ère sont marqués par un véritable apogée de la présence grecque en Languedoc.

A sa plus belle période, cet hellénisme reste pourtant superficiel ; il n'y a pas de *Gallia graeca*. Certes, les indigènes paraissent avoir honte, à partir du IVe siècle, de leurs cases primitives bâties en pisé. On les voit s'essayer à une maçonnerie rustique, et même, à Ensérune, tenter d'imiter les belles murailles ou les ordres d'architecture des villes grecques de Provence. Mais l'exécution maladroite trahit la main d'artisans barbares. Et sur les monnaies des petits rois de Béziers, au IIe siècle, l'alphabet grec, employé peut-être par une sorte de « snobisme » philhellène, sert à transcrire des noms qui demeurent purement celtiques, comme *Bituit*. Les vrais maîtres du pays en effet, au IIe siècle avant notre ère, ne sont pas les marchands grecs, mais les chefs gaulois. Une nation celte, les Volques, venue du nord vers — 330, s'est taillé un empire entre Rhône et Garonne. Parmi eux, deux groupements plus importants, les Arécomiques et les Tectosages, paraissent exercer, si l'on en croit Strabon, une sorte de suzeraineté, les premiers autour de Nîmes, les seconds près de Toulouse. Les Volques semblent être d'humeur fort itinérante. Sous le nom de Welches et de Valaques, on trouve aussi leur trace en Europe centrale. Quant aux Tectosages, ces « ancêtres » des Toulousains actuels, on les voit au IIIe siècle associés à des expéditions en Grèce et en Asie Mineure.

Ces Celtes philhellènes n'occupent eux-mêmes que les sommets de la société indigène, qu'ils ont simplement placée sous leur domination politique et militaire. La masse de la population continue à parler un dialecte ibérique, si l'on en juge par les graffites retrouvés sur les flancs pansus des *dolia* d'Ensérune. Cette permanence de l'aire ibérique depuis les mégalithes représente alors un véritable trait de structure. Les invasions venues du nord, les influences orientales passent, le substrat ibère demeure : il n'y a pas encore de Pyrénées.

II. — Formation et apogée de la Narbonnaise

1. **La conquête romaine.** — Au IIe siècle, bien avant César et Vercingétorix, le territoire du Languedoc passe sous la domination romaine. Dès 123, Flaccus célèbre un triomphe sur les peuples de la rive gauche du Rhône ; il répond à l'appel des Marseillais, alliés des Romains, qu'excèdent les incursions des Celtes Salyens : Rome arrive dans le sillage de la Grèce. En 121, l'énergique Cn. Domitius Ahenobarbus — « barbe d'airain, visage de fer, cœur de plomb » — franchit le Rhône et foule en vainqueur le sol languedocien. Il enlève aux Ruthènes, ces ancêtres des Aveyronnais, la région céréalière de l'Albigeois : et l'on peut ainsi dater de cette époque le rattachement de cette région à l'entité qui s'est finalement appelée Languedoc. Les Ruthènes sont confinés dans le Rouergue de Rodez, ce pays misérable jusqu'au XVIIIe siècle. Pour contenir les Tectosages peu dociles, une garnison est installée à Toulouse. Autant que l'acquisition d'une nouvelle province, c'est la sécurité de la voie d'Héraklès, du chemin d'Espagne en Italie, qui paraît avoir constitué le grand souci d'Ahenobarbus. Il remet la route en état, et elle reçoit en son honneur son nouveau nom de voie domitienne. Purement romain, le nouveau tracé évite le comptoir hellénique d'Agde, et pour mieux concurrencer cette ville, le proconsul fonde non loin d'elle un marché qui porte son nom : *Forum Domitii.*

En 118, une colonie romaine est fondée à Narbonne, dans une région très peuplée, et qui compte de nombreux *oppida.* Plusieurs milliers de colons, pour la plupart vétérans des légions, participent à cette création. Décision capitale, comparable en importance à la fondation de Marseille, quatre siècles plus tôt. *Narbo Martius*, premier foyer de la Romanité gauloise, occupe une position privilégiée ; là se croisent la voie domitienne et le chemin d'Aquitaine par le seuil de Naurouze ; nombreux *oppida*, princes qui battent monnaie, autant de signes d'une ancienne et importante activité. Rome a su voir l'importance du site ; par delà l'Aquitaine et son blé, n'est-ce pas déjà l'Atlantique possible, en ce point le plus étroit de l'isthme européen, traditionnellement parcouru par les caravanes de l'étain ? Quoi qu'il en soit, la jeune colonie deviendra au Ier siècle la capitale d'une nouvelle province, appelée de son nom Narbonnaise (27 avant J.-C.). Celle-ci inclura le territoire futur du Languedoc, de la Provence et du Roussillon. En 381 après J.-C., elle sera divisée en Narbonnaise première, préfigurant le territoire du Languedoc, et Narbonnaise seconde, ayant Aix comme capitale.

Mais en 106 avant J.-C., la pacification est encore précaire. Profitant des embarras africains de Rome, et de l'invasion des Cimbres en Gaule, qui détourne l'attention des légions, les Volques Tectosages, nostalgiques de la liberté perdue, se soulèvent et capturent la garnison romaine de Toulouse. Pourtant, le consul Cépion reprend la ville, et, par représailles, lui confisque son or. Mal lui en prend : l'or de Toulouse est maudit, n'a-t-il pas été volé de façon sacrilège par les Volques dans le trésor d'Apollon à Delphes ? En 105, l'armée de Cépion est complètement écrasée près de Valence par la « chevauchée monstrueuse » des Cimbres ; ces Germains avisés rejettent l'or dans le Rhône, et pendent tous les prisonniers à la forêt la plus proche ; ils ne trouveront leur maître qu'en 102, en la personne de Marius.

Après cette défaite des Cimbres, l'ordre, désormais, règne en Narbonnaise. Chaque peuple y conserve en principe son autonomie et ses coutumes, sous le haut protectorat de Rome. En fait, et malgré ces apparences libérales, la province est un vrai butin pour les spéculateurs et les brasseurs d'affaires romains. Fontéius, gouverneur de 79 à 76, la met en coupe réglée. Les indigènes protestent, mais les colons et les officiers romains, les capitalistes grecs de Marseille, apprécient ce « bon » gouverneur, qui fait régner l'ordre et marcher les affaires. Les Marseillais, en particulier, acquièrent d'immenses domaines, enlevés aux Helviens du Vivarais et aux Volques de Nîmes.

Cette phase purement coloniale n'a qu'un temps. Très tôt, l'afflux d'immigrants italiens, la pénétration d'une culture supérieure à celle des Ibères ou des Volques, les progrès de la sécurité, du commerce terrestre et méditerranéen favorisent le développement d'une civilisation nouvelle, gallo-romaine. Quelque peu contenue en Provence par la persistance de l'hellénisme, la romanisation s'épanouit sans entrave en Languedoc, entre Arles, Port-Vendres et Toulouse, autour de Narbonne devenue capitale, garnison, siège de la justice et des affaires. Face à la Gaule indépendante, cette région « hirsute » *(Gallia comata)*, la Province est au Ier siècle avant notre ère un pays peuplé d'évolués qui adoptent les mœurs romaines : c'est la Gaule en toge *(Gallia togata)*. Quand César entreprend ses conquêtes, elle représente pour lui une indispensable base de départ, de ravitaillement, de recrutement.

On le voit bien en 52, quand les Ruthènes du Rouergue, les Gabales du Gévaudan, les Nitiobroges de l'Agenais, les

Cadurques du Quercy, tous alliés de Vercingétorix, veulent envahir la Narbonnaise occidentale : vraie ruée de montagnards, de *Gavaches*, sur la plaine. Mais Lucter, le Cadurque, chef des assaillants, se heurte au loyalisme des Gallo-Romains. Sous l'impulsion de César, qui accourt du Dauphiné, des garnisons protègent Narbonne, occupent les cols du Rouergue et des Cévennes. Lucter renonce.

La défaite finale des assiégés d'Alésia, la pacification qui s'ensuit ouvrent à Rome, mais aussi aux villes de la Narbonnaise, l'immense marché, le vaste arrière-pays de la Gaule chevelue. Et la guerre civile entre César et Pompée apporte au Languedoc un avantage supplémentaire. Marseille, en effet, a pris parti pour Pompée. Assiégée par Labiénus, elle capitule en 49, et perd sa marine, son armée, sa monnaie, son indépendance. Désormais, Marseille la Grecque est dépouillée de sa primauté maritime et commerciale au profit des *emporia* latins, Arles et Narbonne. Le port provençal ne prendra sa vraie revanche que quinze siècles plus tard, avec l'irrémissible déclin des ports languedociens.

2. Géographie de la Narbonnaise occidentale. — Au temps d'Auguste et de ses successeurs, la Gaule méridionale conserve son originalité : venue plus tôt à la domination de l'*Urbs*, elle garde des institutions différentes de celles du reste de la Gaule. Celle-ci est administrée directement par trois légats, nommés par l'empereur ; le gouverneur de la Narbonnaise, au contraire, est généralement un proconsul de rang prétorien, désigné par le Sénat. Une personnalité régionale s'affirme, que symbolise « l'assemblée de la province », peu à peu organisée sous les empereurs du Ier siècle. Cette réunion annuelle, à laquelle chaque cité de la Narbonnaise envoie ses délégués, n'a en principe qu'un rôle religieux, et elle est présidée par un grand-prêtre, le « flamine de la province ». Délégués et flamine se réunissent à Narbonne, dans un temple spécial, pour y célébrer le culte de Rome et d'Auguste. Mais comme l'indique assez le titre même de ce culte civique, politique et religion sont ici indissolublement liées. La parade cultuelle s'accompagne de délibérations purement laïques et d'un véritable droit de contrôle sur l'activité du proconsul. Quand celui-ci se retire, ou qu'il est remplacé, l'assemblée approuve sa gestion, en décidant l'érection d'une statue pour immortaliser son effigie. Mais s'il n'a pas su plaire aux notables gallo-romains, ceux-ci censurent sa politique en le traînant devant le tribunal de l'empereur, à Rome. « Triple droit d'examen, de félicitation, d'accusation », qui annonce l'action menée à l'âge moderne par les Etats de Languedoc auprès des gouverneurs et des intendants de la province.

Grâce aux auteurs latins et à l'archéologie, on peut esquisser les grands traits d'une géographie de ce Languedoc gallo-romain. Comme aujourd'hui, la montagne introduit un principe de différenciation. C'est en effet au pied de celle-ci, aux approches du bas-pays et dans la plaine elle-même, que s'épanouit surtout la civilisation de la belle époque impériale. Porte du Languedoc oriental, Arles, aujourd'hui provençale, commande le débouché du Rhône, les routes de Lyon, de Marseille et de l'Espagne. Entrepôt du blé gaulois — venu de Camargue, de la vallée du Rhône et aussi, sans aucun doute, les années de disette, des plaines de Saône et de Bourgogne —, elle accumule le grain, en attendant de l'embarquer pour Ostie, au fur et à mesure des besoins de l'*Urbs*. Mais on trouve aussi, sur les quais arlésiens, les vins des Côtes du Rhône et du Vivarais, les salaisons d'Avignon et de Tarascon, les cuirs du Dauphiné, l'huile d'olive enfin. Du Dauphiné, arrivent encore, par flottage, de grands radeaux de bois, transformés en galères dans les chantiers navals d'Arles, ou expédiés par mer, sous forme de bûches, vers l'embouchure du Tibre, pour chauffer les thermes du peuple romain. Le fret de retour, en Arles, est constitué par les marbres, les soufres, les poteries, sans doute aussi par les épices en provenance d'Orient, redistribuées ensuite dans toute la Gaule. Et naturellement, la fonction portuaire appelle la fonction industrielle. La grande minoterie de Barbegal, capable de moudre vingt-huit tonnes de farine par jour, est construite près d'Arles ; plus que la boulangerie locale, c'est le marché romain qui commande la création de cette entreprise, où sont utilisées avec habileté les jeunes techniques hydrauliques venues d'Orient.

Passés Arles, son théâtre et ses arènes, la trouée rhodanienne offre, comme aujourd'hui, sur les deux côtés du fleuve, un contraste marqué. Aux cités importantes de la berge orientale, provençale ou dauphinoise (Vienne, Valence, Orange, Avignon), s'oppose, côté languedocien, à l'ouest, un pays pratiquement sans villes, le Vivarais sauvage des Helviens. Les vignerons de Côte-Rôtie, les marins de Viviers, les tonneliers de Rochemaure mettent un peu d'animation dans cette région où l'on perd presque la trace de l'urbanisation romaine dès qu'on s'enfonce au milieu des montagnes : seuls, en Languedoc, les Helviens forment encore une peuplade. Chez eux, pas une colonie romaine.

La situation change pour peu qu'on revienne vers la mer, vers les plaines actives du Languedoc méditerranéen. Une bonne route, construite vers 145, mène du Vivarais à Nîmes, la ville sainte des Gaules, toute dévouée au dieu de sa fontaine, *deus nemausus* ; ce dieu si libéral n'a pourtant pu suffire à tous les besoins d'une agglomération qui se développe. Le *pont du Gard* lui fournit le contingent supplémentaire des eaux de l'Eure et de l'Airan, prélevées près d'Uzès. La ville est peuplée de Gaulois, de Romains, d'Orientaux et d'Egyptiens aussi, et le crocodile enchaîné au palmier, qui figure dans les armes nîmoises, évoque cet apport venu d'Orient. A Nîmes, encore, fleurissent juristes et médecins, productions devenues aujourd'hui plus spécifiquement montpelliéraines.

Curieuse géographie que celle du bas-pays languedocien, entre Nîmes et Béziers. Ni ville, ni port importants : Sète et Montpellier n'existent pas. En leurs lieu et place, un réseau de bourgades, échelonnées sur trois lignes, de la mer à la montagne. Dans la zone côtière — et déjà malarienne, peut-être —, des ports médiocres vivent de pêche et de cabotage : citons Sainte-Marie-de-la-Mer (1) *(Ratis)*, Saint-Gilles, port de Nîmes, Lattes, Maguelonne, Agde. Plus au nord, la voie Domitienne court d'est en ouest, borde les domaines et les *villae* des propriétaires gallo-romains et traverse, parmi les blés, les vignes et les olivettes une série de gros villages, au nombre desquels on peut nommer *Ambrussum* (près de Lunel), Substantion *(Sextantio)*, non loin du site actuel de Montpellier, et *Cessero* (Saint-Thibéry). Enfin, plus septentrionales encore, les petites villes subcévenoles, au débouché des pistes muletières et des torrents de la montagne, forment une véritable ceinture urbaine. Dans la région des Gardons, Uzès, Alais, Anduze et Le Vigan travaillent la laine des Causses et des Cévennes ; elles sont entourées de châtaigneraies dont les tourbières voisines nous ont conservé les pollens. A l'ouest, Lodève, sur la Lergue, est beaucoup plus isolée.

Vers Béziers et Narbonne, l'urbanisation prend davantage d'importance. La première de ces villes

(1) Ou *Les Saintes-Maries*, déformation tardive du nom véritable.

est déjà viticole, mais, au temps des Romains, ses vignerons s'orientent davantage vers la qualité que vers la production de masse. Pline, qui accuse tous les vignerons gaulois de maquiller leurs vins, ne fait d'exception que pour les Biterrois. Et une amphore, retrouvée en Italie, proclame, en une fière inscription : *Je suis du vin de Béziers, vieux de cinq ans*. Le Béziers rouge et le Béziers blanc possèdent-ils, auprès des gourmets de Rome et des Gaules, la réputation qu'auront les Bourgogne et les Bordeaux chez les amateurs de notre temps ?

Par rapport à Béziers, Narbonne, aujourd'hui relativement déchue, fait au Iᵉʳ siècle figure de métropole. Certes, elle doit céder le premier rang aux grandes villes de l'axe rhodanien, Lyon et Arles. Mais la densité des trouvailles archéologiques montre bien qu'elle conserve un rôle considérable. Capitale administrative de la Narbonnaise, elle reste le siège du gouverneur, de sa cour dépensière, de sa domesticité, de ses principaux fonctionnaires. Cette bureaucratie coudoie dans les rues animées de la ville la foule cosmopolite des négociants et des matelots venus d'Italie et d'Orient ; les épices, l'encens, la myrrhe, l'or, le musc, les parfums, l'ivoire, en provenance du Levant et d'Afrique, parviennent ainsi sur les quais de l'Aude et des étangs littoraux. Petits et grands trafics sont dominés de très haut, semble-t-il, par le commerce du blé : c'est là un trait permanent de la vie économique narbonnaise jusqu'au XVIIIᵉ siècle. Ce blé, apporté d'Aquitaine, mesuré dans de grands *dolia*, est ensuite chargé directement des docks dans les navires grâce à un ingénieux système de manches et d'entonnoirs ; et de là, il vogue vers l'embouchure du Tibre. Un peuple d'artisans grouille dans la cité audoise, et leur spécialisation très poussée dit assez la richesse de la ville : marchands et fabricants de limes, de plâtre, de sandales, d'armoires, de fioles de verre, d'encens, de pourpre, de bijoux, de fèves, de lard, de licous... Les marchands des quatre saisons emplissent la rue de leurs cris pittoresques ; « des pommes, mesdames, mes petites dames », crient par exemple les marchands de fruits. Dans cette plèbe artisanale et commerçante, se glissent de nombreux affranchis, dont les bonnets *(pilei)* ornent les stèles funéraires. Toutes proportions gardées, Narbonne romaine évoque davantage l'ambiance chaleureuse et colorée des grands ports méditerranéens actuels que celle, plus calme, de la petite ville méridionale qui porte aujourd'hui son nom.

Deux routes partent de Narbonne ; l'une prolonge la voie domitienne vers Ruscino (Castel-Roussillon), Illibéris (Elne), Portus Veneris (Port-Vendres) et l'Espagne. L'autre se dirige vers l'ouest et par Carcassonne, modeste ville de carrefour, rejoint le Languedoc occidental. Dans cette partie de la province, les étés plus humides ont une nuance atlantique ; ils favorisent la culture du blé, permettent celle du millet, céréale préhistorique, qui fournit au paysan l'une de ses nourritures essentielles, la bouillie ou *millasse*. Toulouse, capitale de cette riche région agricole, est l'une des plus grandes villes de Gaule. A l'origine de sa fortune, il y a certainement, comme à Narbonne et Arles, le commerce des grains, qui enrichit tout un groupe de marchands et de propriétaires fonciers. Ces notables toulousains, pourtant, ne sont pas seulement préoccupés d'intérêts matériels. Si le poète Martial a chanté les fromages délectables de Toulouse, il a célébré tout autant l'intelligence et l'humanité de cette ville, qu'il appelle expressément la cité de Minerve, *Palladia Tolosa* ; la déesse de l'intelligence règne à Toulouse sur un peuple d'étudiants, de rhéteurs, de juristes, sur les premiers éléments d'une vie intellectuelle et universitaire.

Le réseau urbain est ainsi concentré pour l'essentiel dans le bas-pays. La ceinture de hautes terres qui borde celui-ci est beaucoup moins favorisée : dans le Velay, pourtant, à l'écart du site actuel du Puy, *Ruessium* (Saint-Paulien) est le siège d'une petite noblesse éclairée et riche, férue de poésie, de sculpture, d'architecture. Plus au sud, le Gévaudan, le Rouergue (ce dernier en dehors des frontières administratives du Languedoc) sont peut-être déjà, comme ils le seront à partir du Moyen Age, les réservoirs de main-d'œuvre à bon marché pour le bas-pays. Le Gévaudan semble en tout cas plutôt misérable : Javols, chef-lieu des Gabales (Lozère actuelle), est une pauvre bourgade, que fréquentent les marchands de vaches et de brebis et les fabricants de fromage. Ce fromage de Lozère, si vanté par les gourmets romains, est-il vraiment le roquefort actuel ? Ce n'est pas sûr. On pense au *Laguiole*, variété encore fabriquée au XXe siècle, et plutôt comparable au Cantal.

En même temps que les productions d'origine animale, c'est l'industrie qui, à l'époque romaine comme au XVIIIe siècle, fait pénétrer le numéraire dans ces régions pauvres. Ainsi, les fabriques de céramique rouge sigillée, localisées aux frontières du Languedoc, à La Graufesenque (Aveyron), Banassac (Lozère), Montans (Tarn), connaissent au Ier siècle de notre ère une étonnante fortune ; exportés par le port de Narbonne et par les routes du nord de la Gaule, leurs produits parviennent ainsi jusqu'en Italie et jusqu'en Ecosse. Potiers, les montagnards sont aussi mineurs. Les filons d'or et d'argent du Rouergue et de l'Albigeois sont exploités par le fisc impérial au Ier siècle, et des monnaies romaines jonchent les puits ou bien sont mêlées aux crassiers de scories qui entourent ceux-ci.

Tous les contemporains, tous les historiens aussi insistent avec raison sur la romanisation et l'urbanisation de la Narbonnaise occidentale : sous l'Empire, il n'y a plus de Tectosages ou d'Arécomiques ; ces noms barbares ont disparu ; on connaît seulement des Nîmois, des Toulousains, des Narbonnais, et fondamentalement ces citadins réagissent en Latins. La géographie commande pourtant de nuancer ce tableau trop brillant : certes, un Cnéius Domitius Afer, né à Nîmes, devient, à Rome, l'un des plus brillants orateurs du Ier siècle... mais à deux jours de marche de sa ville natale, les potiers de La Graufesenque continuent à tenir leurs comptes en dialecte celtique. L'inégalité de développement culturel, entre la montagne et le bas-pays, est un trait fondamental ; il y a deux Narbonnaises : celle du froment, de la vigne et de l'olivier, des grandes villes où il fait bon vivre ; et l'autre, celle des hautes régions, vouée au seigle, au châtaignier, souvent à la misère. L'invisible courbe de niveau qui les divise, c'est un peu la limite qui sépare la barbarie de la civilisation.

III. — Mort d'une province

1. **Bas-Empire et premier christianisme.** — Par rapport à « l'âge d'or » des premiers empereurs, les IIIe et IVe siècles marquent un déclin. La province subit le contrecoup des difficultés de l'Empire, menacé de l'extérieur par les invasions barbares, de l'intérieur par des soulèvements (Bagaudes) qui affectent la Gaule elle-même. Les villes se hérissent de remparts, affreuses murailles faites à la hâte, avec des matériaux de fortune. Le nouveau mur de Narbonne, bâti à la fin du IVe siècle, est *satis tenuis, debilis ac bassus, fragilis*, et son tracé correspond à une diminution du territoire de la cité. A Toulouse, le contraste entre les deux enceintes, celle du Ier siècle et celle du IIIe, est saisissant : la première est faite de matériaux chers, bien taillés, bien disposés, importés de loin ; c'est la clôture d'une ville riche ; celle du IIIe, elle, est construite tout autrement ; ses bâtisseurs ont arraché aux monuments voisins« les blocs moulurés, les têtes féminines sculptées, les statues funéraires », et les ont employés dans un mur grossièrement édifié. A Béziers, le mur de même époque est bourré de piédestaux de statues, de frises... Ces constructions rapides et hideuses attestent l'angoisse et la gêne qui règnent dans la province. Seule Arles, devenue au IVe siècle

préfecture des Gaules par la faveur de Constantin, échappe à cette décadence.

Tout aussi lamentable apparaît la situation de l'aristocratie municipale. Tandis que les exigences fiscales de l'Empire augmentent, la richesse et la solvabilité des villes diminuent ; les magistrats des villes *(décurions)* sont rendus responsables sur leur fortune de la rentrée d'impôts écrasants ; le décurionat — le *splendidissime décurionat*, comme dit une inscription nîmoise — n'est plus la fin de carrière confortable des hommes en place ; on l'accepte maintenant comme une sorte de corvée, ruineuse pour les familles dans lesquelles l'Empire, faute de volontaires, l'a rendu héréditaire et obligatoire.

Dans cette Narbonnaise déclinante, une religion nouvelle se répand : le christianisme. Une légende tenace attribue à saint Paul Serge, la fondation de l'église de Narbonne. Ce port cosmopolite semble en effet tout désigné pour accueillir les nouvelles idées venues d'Orient, et il est possible qu'un certain Paul soit venu vers 250, de Rome ou du Levant, pour prêcher l'Evangile dans cette ville. En souvenir, une église portera ensuite son nom. Une tradition veut qu'à peu près à la même époque Saturnin (saint Sernin) tente de convertir Toulouse : il y est lynché par une foule furieuse, mais sa prédication et son martyre portent leurs fruits. La mission de saint Trophime, en Arles, se situerait elle aussi au IIIe siècle. L'implantation chrétienne, quoique très réduite encore, pourrait donc avoir été à peu près simultanée au IIIe siècle, dans les principales villes de la région.

Cependant l'arianisme, fortement encouragé par l'empereur Constance, tend à diviser la jeune communauté chrétienne (concile de Béziers, 356). Jusqu'au catharisme, les hérésies d'origine orientale trouveront du reste un accueil favorable en Languedoc : les échanges sont si fréquents avec le Levant, par mer et aussi par terre. L'arianisme méridional a en tout cas devant lui de beaux destins : malgré une éclipse momentanée en 360, date à laquelle l'évêque hérétique d'Arles fait sa soumission, il reçoit un renfort inattendu lors de l'invasion des Ariens Wisigoths. Il est ainsi, successivement, « imposé d'en haut par l'empereur au IVe siècle et par l'envahisseur au Ve ».

2. **Les invasions.** — Il n'est pas possible de refaire ici un récit — même résumé — des invasions qui éprouvent le Languedoc du Ve au Xe siècle. Vandales (407-409), Wisigoths (à partir de 413), Francs (VIe siècle), Sarrasins (711-725), Francs de Charles Martel (737), Sarrasins et Hongrois (920-930), peuples en migration ou armées en marche, déferlent

en vagues successives, dont le pouvoir destructeur varie. Les Wisigoths mettent fin à l'unité impériale, mais dans leur royaume, dont Toulouse est la capitale, ils respectent la civilisation gallo-romaine : elle connaît même au ve siècle, sous leur domination, un certain lustre, qui trouve son expression dans la construction de belles églises, à Narbonne (446), à Toulouse, et dans la vie luxueuse de l'aristocratie narbonnaise, si bien décrite par Sidoine Apollinaire. C'est au ve siècle en tout cas que le christianisme, avec l'évêque narbonnais Rusticus, s'épanouit vraiment dans la région.

La ruée militaire la plus désastreuse est certainement la contre-offensive franque (737), menée par Charles Martel contre un Islam quelque temps triomphant. Villes incendiées dans le Bas-Languedoc, campagnes réduites à l'état « d'horribles déserts », « dont les chrétiens sont enfuis », telles sont quelques-unes des conséquences de cette *reconquista*. Le Languedoc central en sort très affaibli : dans la région de Béziers-Carcassonne, il faut recourir, aux VIIIe-IXe siècles, pour combler les vides, à une immigration espagnole, dont on ne reverra plus l'équivalent jusqu'au XXe siècle.

Plus que les crises, si violentes qu'elles soient, c'est la tendance générale qui importe ici. Or celle-ci, malgré quelques périodes de rémission (belle époque wisigothique, renaissance agricole carolingienne), est nettement orientée, dans le mouvement séculaire, vers un déclin prolongé. Déclin de la culture d'abord : le Languedoc plonge dans la nuit des civilisations sans écriture ; les textes se font très rares, les listes épiscopales elles-mêmes s'interrompent, au VIIIe siècle, faute de chroniqueurs, et peut-être de titulaires (H. Pirenne). Déclin des villes et du grand commerce : « Tel un homme qui maigrit dans un vêtement flottant », les cités languedociennes, encore dominées par la carcasse des grands monuments romains, tombent lentement en ruines au milieu d'une enceinte devenue trop grande. Enfin, en ce qui concerne l'administration, c'est d'un véritable effondrement qu'il s'agit, plus que d'un déclin. La région, appelée Septimanie sous les Wisigoths, marche de Gothie sous les Carolingiens, tombe finalement au pouvoir des hiérarchies féodales, comtes, châtelains et chevaliers *(milites)*, qui accaparent les pouvoirs de commandement, et dont les lignages forment la base d'une nouvelle noblesse. Autant dire qu'au Xe siècle il ne reste plus grand-chose de la Narbonnaise antique, de sa culture (malgré la persistance d'une langue et d'une religion), de son urbanisation, de sa centralisation.

Jacques-de-Compostelle. Ces voyageurs, affamés et poudreux, font halte à l'oratoire de la Vierge, qui porte le nom de Notre-Dame-des-Tables, et aussi aux nombreuses auberges de la ville : les aubergistes au besoin les arrêtent de force, saisissant les pèlerins par leur manteau, les bêtes par le mors ou le licou ; et, de Montpellier comme de Toulouse, les voyageurs, volés sur le vin et l'avoine, pourvus par les maquignons de montures aveugles ou éreintées, repartent néanmoins contents, les yeux tournés vers un tombeau lointain. Ville de tavernes et de boutiques, blotties à l'ombre d'un grand sanctuaire, Montpellier, très tôt, regarde vers la mer toute proche, et lui consacre une partie de ses énergies ; et avec elle, ses voisines, ses rivales, Arles, Saint-Gilles, Narbonne. Dès le XIe siècle, en effet, le mouvement d'expansion qui lance en avant les défricheurs, qui fait naître les jeunes terroirs et les villes sans passé, provoque aussi l'essor du grand commerce.

2. **Débuts du capitalisme commercial.** — C'est au début, un essor modeste, et presque provincial. Pise et Gênes ont trop intérêt à interdire le plus longtemps possible aux nefs languedociennes l'accès direct aux ports du Levant ; tout au plus leur permettent-elles le cabotage sur les côtes d'Espagne et d'Italie. Les cités du golfe du Lion, où les *Ginouvés* (Génois) s'installent nombreux, sont un peu les satellites du grand port de la Riviera ; les Génois prennent du reste parti, au mieux de leurs intérêts, dans les querelles intestines des villes, et soutiennent par exemple, de leur or et de leurs galères, Guilhem, seigneur de Montpellier, contre ses sujets révoltés (1141).

Cependant, dès la fin du XIe siècle, les Languedociens s'affranchissent de cette tutelle, et riches de l'expérience des négociants ligures et pisans, dont ils ont imité les méthodes, ils vont leur faire concurrence jusque sur les rivages de la Méditerranée orientale. A la fin du XIIe siècle, leur pénétration, stimulée par le grand effort des Croisades, est désormais garantie par des institutions permanentes : les gens de Saint-Gilles et de Montpellier possèdent à Tyr et à Saint-Jean-d'Acre des privilèges économiques, fiscaux, judiciaires. Au XIIIe siècle, ils sont à Chypre et font venir du Levant les drogues, les épices, les tissus précieux de soie et de coton. A Tripoli, en 1243, le *fondouk* des Montpelliérains abrite leur consulat et leurs transactions. A la même époque, Oschin et Léon V, rois de la Petite-Arménie, donnent « l'ordre sublime » d'ouvrir les frontières de leur pays aux marchands de Montpellier, moyennant 2 % sur les marchandises. De leur côté, les Narbonnais s'implantent solidement en terre d'Islam, autour d'Alexandrie.

Aux pays du Levant, les Languedociens apportent essentiellement des produits fabriqués : draps écarlates, fabriqués dans le Nord ou dans la région et teints à Montpellier avec la *grana* recueillie sur le chêne kermès, draps grossiers de Saint-Pons, couvertures, chapeaux. Draps et textiles, en provenance des Flandres et du nord de la France, s'embarquent aussi des ports du Languedoc, avec les produits de l'industrie locale, en direction du Moyen-Orient. Enfin les métaux font l'objet d'un transit extrêmement actif : un géographe arabe du XIIIe siècle, Ibn Sayd, nous montre barques garonnaises et muletiers toulousains, convoyant vers Narbonne l'étain et le cuivre importés d'Angleterre et d'Irlande ; de Narbonne ou de Marseille, les lingots s'en vont ensuite par mer, vers Alexandrie. Les métaux précieux, sous forme de bijoux, d'or filé de Montpellier, ou tout simplement de monnaies, quittent aussi le Languedoc en direction du Levant.

Cette fuite de l'or trahit du reste une balance commerciale déficitaire. Les exportations languedociennes sont supérieures en poids, mais bien inférieures en valeur aux importations précieuses en provenance d'Orient : poivre des Indes, de Malabar et de Ceylan, girofle et muscade des Moluques, gingembre de Syrie, scammonée d'Asie mineure... ; aux épices s'ajoutent l'encens de Perse et d'Arabie, le musc sécrété par un rat du Tibet, et vendu sur le marché de Melgueil, *in ampollis*, dans les glandes mêmes où il s'est formé, enfin les bûches de santal odoriférantes, l'indigo de Bagdad, la gomme laque ; tous les produits de l'Asie, venus sur les nefs génoises ou languedociennes, se retrouvent dans les bazars de Montpellier ou de Saint-Gilles.

Ils n'y séjournent pas longtemps. Par les chemins du Centre, du Rhône ou de la Garonne, des caravanes de mulets les emportent vers l'Aquitaine et vers le Nord. En 1222, les marchands de Toulouse et de Montpellier sont aux foires de Champagne, où ils débitent leurs épices et leurs *cordouans* (cuirs). On les trouve aussi en Flandre et jusqu'à Londres. Le jeune capitalisme commercial du Languedoc a donc sa place dans le trafic mondial de ce temps, dans cette chaîne ininterrompue d'échanges qui court de Sumatra, Ceylan et Bagdad, jusqu'aux ports de la mer du Nord et de la Baltique.

Ce capitalisme s'inscrit dans un réseau de villes, petites à notre échelle, mais actives. Au débouché du Rhône, la foire de Beaucaire — on l'a démontré récemment — n'existe pas encore. Mais Saint-Gilles, au XIIe siècle, est à son apogée, et un portail admirable, au seuil de son abbatiale, évoque encore cette splendeur disparue. Son port accède au fleuve, à la mer, aux canaux. Croisés ou pèlerins s'y embarquent pour Jérusalem. Et sa foire de septembre, antérieurement à celles de Champagne, est le point de rencontre des Méditerranéens — Italiens et Provençaux — et des Nordiques — Anglais, Allemands, Danois, Polonais même. La haute banque de l'époque s'y est installée, en la personne des Hospitaliers et des Templiers. C'est dans les cloîtres de la ville, voire même sous les chapiteaux à feuillage du grand portail roman de l'abbaye, qu'on pèse et qu'on change les monnaies, qu'on fait le trafic de l'or et de l'argent.

Plus à l'ouest, à Montpellier, s'affaire une bourgeoisie d'armateurs, de marchands épiciers ou drapiers, d'orfèvres. Le rabbin Benjamin de Tudèle qui, au XIIe siècle, visite les communautés juives du bassin méditerranéen, y voit une cité cosmopolite. Il y rencontre outre ses coreligionnaires, les Arabes du Gharb, les marchands de Lombardie, de la grande Rome, de l'Egypte, de la Gaule, de l'Espagne, de Gênes, de Pise, et il y entend parler « toutes les langues ». La puissance financière de la ville valorise la monnaie locale, le denier melgorien, frappée dans la bourgade voisine de Melgueil. Narbonne, Nîmes, Béziers ont elles aussi leur bourgeoisie marchande, et dans une moindre mesure diverses relations internationales. Toulouse enfin est quelque peu à l'écart : ville plus continentale, moins liée au commerce lointain, elle fait figure de grand marché régional ; elle redistribue le sel, importé de Narbonne, elle transforme les produits agricoles ; l'industrie du cuir, celle de la meunerie y sont particulièrement importantes.

3. **Révolution consulaire et morcellement territorial.** — La révolution économique des XIe et XIIe siècles a nécessairement

des conséquences juridiques et politiques. Et par exemple, le sort des Juifs s'améliore, en même temps que prospèrent leurs affaires. On leur épargne désormais, moyennant finances, les traitements humiliants qui leur étaient infligés jusque-là : coup de poing annuel asséné au chef de leur communauté à Toulouse, sévices qui dégénéraient souvent en pogrom à Béziers. Mais par delà telle ou telle catégorie, c'est l'ensemble des groupes urbains qui accède à une véritable émancipation politique avec l'apparition du consulat. Ici au XIIe siècle, là au XIIIe, les seigneurs des villes — vicomte de Béziers, comte de Toulouse, archevêque de Narbonne — partagent leurs pouvoirs avec des magistrats parfois désignés par eux, parfois élus, les *consuls*. Cette passation de pouvoirs paraît s'être accomplie, en général, de façon relativement pacifique, du seul fait de l'influence sans cesse croissante des élites urbaines. Quelques cas de révolution violente sont pourtant signalés : à Montpellier, en 1141, les bourgeois établissent de force le consulat, malgré leur seigneur, Guilhem VI, qui a dû quitter la ville et s'enfermer dans son château de Lattes. L'appui des Génois et du Pape — qui condamne formellement l'institution nouvelle — permet cependant à Guilhem de reprendre sa ville et de supprimer pour un temps le consulat montpelliérain.

Le consulat languedocien, du reste, garde l'empreinte de la société seigneuriale et féodale qui l'a vu naître. Bien loin d'être l'exécutif d'une municipalité démocratique, ou le gouvernement d'une république marchande, il s'identifie au pouvoir des oligarchies urbaines, et, au sein de celles-ci, les marchands, en règle générale, sont loin de détenir la première place. A Nîmes, par exemple, le consulat comprend huit membres, dont quatre chevaliers du quartier des Arènes, et quatre représentants de la cité. Même dans le groupe des *cives*, du reste, la richesse foncière paraît souvent l'emporter sur la richesse mobilière. Le plus typique d'entre eux, Pons de Capdenier, le Crésus toulousain du XIIIe siècle, est vigneron, éleveur, usurier bien plutôt que négociant. Les consulats de cette époque sont ainsi dominés par des patriciats urbains, mi-nobles, mi-bourgeois, et non par une classe capitaliste qui n'est encore qu'embryonnaire. Le Languedoc, mosaïque de principautés seigneuriales au Xe siècle, tend à devenir une constellation de républiques aristocratiques.

Or, cette tendance permanente à la dispersion ne se heurte pas à une politique résolue d'unification régionale. Les comtes de Toulouse, seuls capables de la mener à bien, préfèrent à ces réalités substantielles le mirage de la Croisade et de la lutte contre l'Infidèle. Raymond IV, parti en Terre Sainte à la tête des chevaliers du Midi, jure de ne jamais rentrer dans ses terres ! Et de fait, il meurt en Orient, en 1105. Ainsi font encore son fils Bertrand, son petit-fils Alphonse — baptisé dans les eaux du Jourdain : tous deux meurent en Palestine. Du reste, même au cours des rares séjours qu'ils font dans leurs Etats, les comtes de Toulouse ne considèrent pas leur capitale comme un centre administratif. Leur chancellerie errante se fixe momentanément, tantôt à Nîmes, tantôt à Saint-Gilles, ou même dans une simple bourgade, comme à Melgueil. Rien d'équivalent, à Toulouse, à la vocation centralisatrice qui se manifeste de si bonne heure à Paris (Ph. Wolff).

Dans ce vide politique languedocien, les monarchies solidement organisées de France et d'Aragon tendent à exercer une influence croissante. En 1154, Raymond V de Toulouse épouse Constance, sœur du roi de France Louis VII. Les seigneurs du Bas-Languedoc prêtent hommage à Louis VII, et Toulouse résiste victorieusement à Henri II Plantagenêt, roi d'Angleterre, héritier des prétentions des ducs d'Aquitaine sur le Languedoc. C'est une première orientation vers la France capétienne ; elle sera durable.

Au sud, Catalogne et Aragon demeurent des pôles essentiels d'attraction. Les Guilhems, seigneurs de Montpellier, délaissent leur ville pour se mettre au service des comtes de Barcelone, et combattre les musulmans à Majorque ou à Tortose. Cette maison de Barcelone, maîtresse depuis 1137 de la couronne d'Aragon, intervient toujours davantage dans les affaires languedociennes. Les Trencavel, vicomtes de Carcassonne et de Béziers, passent sous son influence ; et en 1204, Marie de Montpellier, fille du dernier Guilhem et d'Eudoxie de Constantinople, épouse Pierre II d'Aragon.

Les Montpelliérains sont heureux d'être gouvernés par ce jeune et puissant protecteur. Ils s'inquiètent seulement du peu d'assiduité à ses devoirs de leur nouveau seigneur, amoureux volage et mari peu consciencieux. C'est seulement en 1207 que Pierre II cédant aux larmes de ses sujets consent à passer une nuit avec la reine. Le lendemain, quand le roi sort avec sa jeune femme dans les rues de Montpellier, une foule en liesse se porte au-devant du couple. Les espérances populaires ne sont pas déçues. Jacques d'Aragon naît le 2 février 1208.

4. L'art des troubadours et des églises romanes. — Par bien des traits, le destin de ce Languedoc morcelé évoque celui de l'Italie toute proche. En dépit de l'absence d'unité politique, l'essor urbain s'accompagne en effet dans le pays d'un remarquable développement culturel. Une langue littéraire se forme, à partir des dialectes romans du Sud : c'est la langue d'oc, fort différente, malgré une commune origine latine, de la langue d'oui, en usage au nord du Massif Central. Incomplètement unifiée, la langue occitane rend néanmoins possible la formation d'une vaste communauté de culture, qui, bien au-delà du Languedoc, s'étend jusqu'à la Catalogne, la Provence et la Gascogne, et vers le nord, jusqu'en Limousin, Auvergne et Dauphiné. Et c'est dans cette langue que nous est parvenue l'œuvre lyrique et satirique des troubadours.

La poésie des troubadours pose d'intéressants problèmes d'origines, à vrai dire mal résolus. Dès l'époque de Sidoine Apollinaire, les nobles gallo-romains de la Narbonnaise composaient volontiers des chansons, répétées ensuite dans les villes de la province. Cette tradition s'est-elle perpétuée sans interruption à travers le haut Moyen Age, pour connaître son plein épanouissement au XIIe siècle ? Ou bien la poésie occitane procède-t-elle, au départ, d'une imitation de ces chansons bilingues — arabes ou hébraïques, avec refrain espagnol — que l'on composait en Andalousie dès avant le XIe siècle ? Théorie « latine » et théorie « arabe » ne s'excluent pas nécessairement.

Si les origines restent quelque peu mystérieuses, le contenu de la lyrique occitane, est, lui, nettement déterminé. C'est l'amour, le culte total, exclusif, adultère, voué par le poète à une femme, toujours mariée, et dont il dissimule jalousement le nom réel, grâce à un pseudonyme *(senhal)*. Contrairement à une opinion souvent répandue, cette poésie courtoise n'a rien de commun avec une conception platonique de l'amour. L'hommage du poète s'adresse aussi au corps de la femme aimée, « corps bien fait, si tendre et lisse » (Bernard de Ventadour),

« joli corps précieux » (Arnaud de Mareuil) : « Que dans les baisers et les sourires, je découvre son beau corps, et le contemple à la lumière de la lampe » (Arnaud Daniel). L'érotisme, qu'on rencontre chez les poètes de la grande époque occitane, s'atténue cependant beaucoup au XIIIe siècle, avec l'offensive catholique et la Croisade contre les Albigeois. La lyrique païenne du XIIe siècle fait place chez Guiraut Riquier, le « dernier troubadour », à un sentiment purement spirituel et désincarné envers la dame de ses pensées. Les chansons à la dame deviennent sans difficulté, dans ces conditions, des chansons à la Vierge Marie : tant l'amour terrestre, épuré, sublimé, est devenu proche de l'amour céleste.

Dans la littérature occitane, la satire, le *sirventès*, poésie politique et engagée (C. Camproux), joue un rôle essentiel à partir de la Croisade albigeoise. C'est moins contre les Français, qualifiés cependant de « buveurs et tueurs d'innocents », que contre Rome et le clergé, « à la patte griffue », que portent les attaques des deux grands satiristes languedociens de ce temps, Peire Cardenal, du Puy, et Guilhelm Figueira, de Toulouse.

A ces contenus variés, répond une forme toujours poétique et musicale : « La poésie sans musique est comme un moulin sans eau. » Aussi le troubadour est-il complété par le jongleur, souvent un pauvre diable, qui, entre deux exercices de saltimbanque, chante, en s'accompagnant d'un instrument, « les *sirventès*, ballades, *retroenchas* et *tensons* », composés par son maître.

Beaucoup de troubadours sont nés hors des frontières du Languedoc moderne. Mais les villes importantes de cette région sont, même pour ceux-là, des lieux de séjour et de création. Le Limousin Bernard de Ventadour vit longtemps à

la cour de Raymond V, comte de Toulouse. Arnaut de Mareuil, né en Périgord, aime l'épouse du vicomte de Béziers, et plus tard, éconduit par elle, demeure auprès de Guilhem de Montpellier, « son ami et son seigneur ». En revanche, le Languedocien Peire Vidal, fils d'un pelletier de Toulouse, promène ses amours, généralement malheureuses, de la Provence à la Terre Sainte et de la Hongrie à l'Italie et à Malte. Folquet de Marseille meurt évêque de Toulouse, après avoir expié sa folle jeunesse par une action draconienne contre les Albigeois... Pour les troubadours, les frontières politiques ne comptent pas. Ils sont chez eux à Montpellier, à Narbonne et à Toulouse, mais aussi à Gênes, à Barcelone, et à Poitiers, partout où ils trouvent un seigneur pour les protéger, une dame pour recevoir leur amour, un auditoire pour les comprendre.

Leur influence sur la poésie européenne du Moyen Age est très grande. Plus encore que sur la lyrique courtoise et sur les romans de chevalerie du nord de la France, c'est sur les *Minnesänger* allemands, et, en Italie, sur Dante et Pétrarque, qu'elle s'exerce. Par l'intermédiaire de ces deux derniers auteurs, elle reviendra en France, après un curieux détour, au XVIe siècle, et contribuera à l'élaboration du lyrisme de la Pléiade, et, plus tard, à celle des modes de la galanterie et de la préciosité.

Centre de la poésie occitane, le Languedoc est aussi l'un des principaux foyers de l'art roman : l'abbatiale de Moissac, consacrée en 1063, en est l'une des premières manifestations. De la mer à la montagne, les sanctuaires romans se répartissent le long de trois axes privilégiés. Ce sont d'abord les églises fortifiées du littoral : Agde, Maguelonne, Vic, Les Saintes-Maries. Par bien des traits, elles s'inspirent des fortifications d'Antioche et des châteaux des Croisés en Syrie, et elles témoignent des rapports suivis de la province avec l'Orient. Entre elles pourtant, que de nuances. Il y a loin de l'élégant vaisseau des Saintes-Maries au cube noir et austère de la cathédrale d'Agde.

Des édifices plus vastes jalonnent le chemin de Saint-Jacques : Saint-Gilles et son portail étrange, Notre-Dame-des-Tables à Montpellier, totalement détruite lors des guerres de religion, Saint-Guilhem-le-Désert, Saint-Sernin de Toulouse enfin, dont l'immense transept forme comme une seconde église perpendiculaire à la nef. L'autre route qui mène à Saint-Jacques, celle du nord du pays, est elle aussi bordée d'églises romanes. Elle passe à Notre-Dame du Puy, et, après d'innombrables églises dédiées à Sainte-Foy, elle rejoint Conques et Moissac, pour filer ensuite sur les cols du pays basque.

Les sculpteurs collaborent étroitement avec les architectes, et dans ce domaine l'école languedocienne n'a de rivale qu'en Bourgogne, à Cluny. Dès le XIe siècle, elle affirme sa maîtrise à Toulouse : le thème grandiose du Jugement dernier y apparaît pour la première fois sur les vieux chapiteaux du cloître de La Daurade ; à Saint-Sernin, au portail Miégeville, un artiste qui s'inspire librement de la sculpture de Compostelle, décrit Simon le Magicien saisi par les démons, tandis que ses femmes vont chevauchant des lions. Au XIIe siècle, le tympan de Moissac tire son inspiration lointaine des enluminures d'un manuscrit d'Espagne. Le Christ y apparaît sous les traits d'un monarque assyrien, à la barbe calamistrée, coiffé de la tiare, entouré de vieillards musiciens. L'influence de cette composition est profonde sur toute l'école régionale.

De la peinture murale qui décorait ces églises, il reste aujourd'hui peu de chose. Alet, Toulouse, Le Puy surtout en ont conservé des vestiges. Plus peut-être que les fresques du Puy, celles de la chapelle de Saint-Plancard (Haute-Garonne), récemment mises à jour, nous restituent les aspects les plus valables de cet art disparu. Anges, démons, damnés, vraies figures d'épouvante parfois, y sont représentés en un style d'une exécution farouche à l'aide de quelques tons peu nombreux, dans les ocres surtout... L'influence orientale, décelée par certains motifs, semble ici probable.

II. — Les Cathares

1. Influences orientales et doctrines cathares. — L'Orient fait école en Languedoc. C'est vrai de l'art sans doute, mais plus encore de la science et de la pensée. Ainsi, à Montpellier, au XIe siècle, des médecins juifs, issus des écoles rabbiniques du Bas-Languedoc, ou chassés d'Espagne, transmettent aux étudiants chrétiens dans les hôpitaux de la ville les leçons de la médecine arabe. Nombre d'étudiants montpelliérains vont en outre chercher un complément d'enseignement aux écoles médicales de Salerne où la science judéo-arabe brille alors d'un vif éclat.

C'est pourtant dans le domaine religieux que l'influence orientale enregistre ses plus grands succès. Les origines lointaines des conceptions « cathares » doivent être recherchées en Iran, chez Zoroastre (vers 600 avant notre ère) et Manès (244-272). Les Pauliciens d'Arménie, puis les Bogomiles des Balkans prennent ensuite le relais de ces vieilles doctrines, plus ou moins pénétrées d'influences gnostiques, et, par l'intermédiaire de ceux-ci, elles se transmettent de proche en proche jusque dans les pays de la Méditerranée orientale. Bogomiles de Bulgarie, Patares de Bosnie, hérétiques de Lombardie et du Milanais forment une chaîne continue d'influences qui mène sans interruption, à travers les cols des Alpes, jusqu'aux Parfaits et aux Bonshommes des Corbières et de la Montagne-Noire. Une fois l'hérésie solidement établie en Languedoc, cette longue route terrestre se double d'une voie maritime plus rapide. La mission de Nicétas, l'évêque dualiste de Constantinople, qui vers 1167 vient porter la bonne parole au concile cathare de Saint-Félix-de-Caraman près de Toulouse, démontre en effet l'existence de relations directes entre les hérétiques d'Aquitaine et leurs frères d'Asie mineure.

Dans cette diffusion du catharisme, n'y a-t-il pas comme un choc en retour des Croisades ? Celles-ci importent brutalement au Levant le christianisme dans sa modalité occidentale. Mais en même temps, dans un monde méditerranéen plus ouvert aux échanges matériels et spirituels, les idées venues du Moyen-Orient retrouvent à l'ouest une force de pénétration nouvelle.

On a pu soutenir que le catharisme, sous sa forme extrême, est une religion originale, radicalement différente du christianisme : « Ils pensent, écrit un contemporain, qu'il y a deux seigneurs sans commencement ni fin, l'un profondément bon et l'autre profondément mauvais. L'un a créé les bons anges, l'autre les mauvais, l'un domine la patrie céleste, l'autre toute la machine du monde ; et il y a deux natures, l'une bonne, céleste et incorporelle, créée par le Dieu bon, l'autre mauvaise, créée par le Dieu mauvais, à laquelle appartiennent les choses animales et terrestres. » En réalité, la doctrine cathare est plus subtile qu'il n'apparaît dans ce texte. Elle admet l'existence d'un « monde du mélange » — le nôtre — dans lequel les deux tendances fondamentales, le Bien et le Mal, l'éternité et le temps, l'être et le néant se compénètrent. En outre le dualisme absolu fait souvent place à une doctrine plus souple, le dualisme mitigé. Cette seconde tendance s'exprime dans le texte dense et poétique de la *Cène secrète* (manuscrits de Carcassonne et de Vienne) qui restitue un entretien supposé du Christ avec l'apôtre Jean. Le premier thème qu'aborde cet ouvrage est celui de la chute : Sathanas, l'ange révolté contre le Père, crée dans un mouvement de défi l'univers matériel. Les versets qui relatent cette création sacrilège forment en quelque sorte le contrepoint satanique du célèbre texte de la Genèse. Non sans dégoût, l'auteur raconte ensuite comment le démon enferme l'âme des mauvais anges dans d'immondes corps de boue, les transformant ainsi en premiers hommes, et par quelle ruse il les contraint malgré leur répugnance à faire « l'œuvre de chair dans ces corps de boue ». Selon la *Cène*, Enoch et surtout Jean-Baptiste, l'inventeur du faux baptême de l'eau (substance matérielle, donc démoniaque), ne sont que des imposteurs et des délégués de Satan. Le même Satan fournit aussi les bois sur lesquels est crucifié le Christ (le Fils), conçu et né par l'oreille dans le corps céleste d'un ange nommé Marie. La fin des temps se produira au bout de sept siècles, temps nécessaire pour qu'un nombre suffisant de justes vienne combler exactement les vides créés au Paradis par le départ des mauvais anges. Ce terme survenu, démons et damnés seront consumés dans un lac de feu noir (car le feu de l'enfer ne saurait resplendir, ni se parer de l'éclat de la lumière, attribut divin). Quant aux Justes, aux cathares, rachetés par la pureté de leur vie, « ils brilleront comme un soleil dans le Royaume de leur Père » (d'après R. Nelli).

Remplie de réminiscences évangéliques et bibliques, née dans un monde de pensées chrétiennes, citant le Christ, la Vierge et saint Jean, mais jamais Manès, ni Zoroastre, la *Cène secrète* reste pourtant dualiste : malgré les emprunts qu'elle fait aux Ecritures, elle s'oppose à l'interprétation catholique de l'Ancien et du Nouveau Testament. Venu de Bulgarie en Languedoc, par l'intermédiaire de Nazaire, évêque cathare de Concorezzo (Italie), ce livre contribue à modeler l'étrange univers mental des Parfaits. Aux inquisiteurs de Carcassonne, qui l'ont conservé dans leurs archives, il apparaît comme l'expression d'un monstrueux délire.

2. **Diffusion du catharisme.** — Le succès d'un certain dualisme, auprès des intelligences de ce temps, peut aisément s'expliquer. Dans un monde en proie aux famines, aux épidémies, souvent au désespoir, n'est-il pas paradoxal d'admettre que l'Univers a été créé par un Dieu bon ? N'est-il pas plus simple, pour des gens qui vivent dans une authentique terreur du démon, de se représenter celui-ci comme le vrai créateur d'une Nature intrinsèquement pervertie ? L'idée d'une « bonne Nature », chère à l'optimisme du XVIIIe siècle, est inséparable d'une certaine douceur de vivre, qu'ignorent les sociétés misérables et angoissées du XIIe siècle.

Mais pourquoi le Languedoc est-il la terre d'élection du dualisme ? L'absence de toute réforme monastique profonde, dans cette région, a sans doute créé un véritable vide spirituel ; et cette carence est vivement ressentie, ce vide est facilement comblé dans un pays de grand commerce et de relations aisées, où les idées nouvelles pénètrent sans difficulté.

Quoi qu'il en soit, les moines languedociens, « ces chiens muets qui ne savent même plus aboyer » (Innocent III), n'ont rien de valable à opposer au zèle, au détachement total dont font preuve les

Parfaits. Végétariens, astreints au jeûne, au travail manuel, à la chasteté absolue, ces « Bonshommes », comme on les surnomme, impressionnent les foules par leur vie exemplaire. Leur ascétisme exprime l'horreur fondamentale de la matière et du sexe, qu'impliquent leurs conceptions dualistes. Et il s'accompagne très logiquement d'une grande simplification des cérémonies et des sacrements. Le rite essentiel est celui du *consolamentum* — imposition des mains et de l'Evangile. Le fidèle qui l'a reçu est de ce fait astreint aux dures obligations des Parfaits. Une telle initiation, si lourde de conséquences, n'est le fait que d'une minorité. Le commun des fidèles ne reçoit le *consolamentum* qu'à l'article de la mort. Les Inquisiteurs tireront du reste argument du fait que les Bonshommes n'exigent pas des simples croyants la rude discipline morale qu'ils s'imposent à eux-mêmes. Ils les accuseront paradoxalement d'encourager par leur haine du mariage chrétien et de la reproduction toutes les turpitudes sexuelles. « Qui veut noyer son chien... »

Le pays cathare par excellence, c'est le Haut-Languedoc : dès 1165, la nouvelle Eglise est solidement établie à Toulouse, Albi, Agen, Pamiers, Carcassonne. Le rôle des villes, foyers de culture et d'échanges, est essentiel, et, par elles, l'hérésie se répand dans le plat pays. « Ainsi qu'un fruit gâté corrompt un autre fruit, et qu'il suffit d'un cochon ladre et galeux pour perdre tout le troupeau, ainsi devant l'exemple de Toulouse, les villes et châteaux du voisinage s'imprégnaient-ils de cette peste », note avec une haine clairvoyante Pierre de Vaux-Cernay (d'après Ph. Wolff). Parmi les pays les plus « infectés », on cite le Lauraguais, le Toulousain, l'Albigeois, le Cabardès, le Razès, les Corbières. Sauf à Béziers où les Trencavel, vicomtes de la cité, protègent l'hérésie, le Bas-Languedoc est peu atteint.

Toutes les classes sociales, seigneurs en tête, fournissent des recrues à l'hérésie. Cependant le négoce, l'artisanat, le prolétariat des régions textiles semblent particulièrement réceptifs. Est-ce un hasard si la terre d'élection du catharisme, entre Carcassonne et Toulouse, Foix et Limoux, Castres et Cordes, correspond exactement à la grande région de la draperie languedocienne, exportant par Narbonne vers le Levant ? Les Bonshommes y fondent eux-mêmes des ateliers de tissage — *opera textoria* — dans lesquels ils forment des apprentis qui sont en même temps des propagandistes. Et le mot « tisserand », bien longtemps, sera synonyme de cathare. Il ne faut pas s'en étonner : ces pays audois, où se développent l'économie marchande et même des rudiments de capitalisme industriel, ont de ce fait une vie de relations intense, en particulier avec l'Orient, patrie des religions dualistes. L'hérésie trouve là un terrain de culture (dans divers sens du terme), bien plus favorable que dans les régions arriérées. « L'hérésie, fille de la laine », cette boutade contient sans doute une part de vérité. Elle n'épuise pas cependant le problème complexe de la sociologie du catharisme. Celui-ci, en effet, a partie liée avec la bourgeoisie marchande « qui pressent en lui le garant d'un ordre économique nouveau » (R. Nelli), mais aussi, dans les débuts du moins, avec la féodalité laïque, avide de biens d'Eglise. Parmi les grands seigneurs qui s'appuient ainsi sur les Parfaits, on peut citer Roger Trencavel, vicomte de Béziers et de Carcassonne, Raymond Roger, comte de Foix. La femme de Raymond Roger dirige une maison de Parfaites ; sa sœur reçoit le *consolamentum* en sa présence.

3. La Croisade et l'annexion française. — L'Eglise catholique dispose au contraire dans le pays de peu d'appuis, et, en plus d'un diocèse, l'évêque reste seul avec ses chanoines. Les renforts doivent être cherchés à l'extérieur. Il s'agit d'abord de soutiens purement spirituels. En 1147, saint Bernard vient prêcher les bourgeois de Toulouse. Les Bonshommes doivent quitter la ville, mais à peine en est-il parti qu'ils y retournent. On les fouette, on les chasse à nouveau. Rien n'y fait ; ils reviennent encore.

Au début du XIIIe siècle, un Espagnol, Dominique de Caluéréga (saint Dominique), inaugure un style missionnaire nouveau. A la façon des Parfaits, il va pieds nus et « par un vêtement pauvre et une parole ardente », il s'efforce d'en imposer aux foules. Mais son succès dans le Biterrois est très passager, et, en pays cathare, dans le Lauraguais, il se heurte à une violente hostilité. Au même moment (1204), le légat du pape Innocent III, Pierre de Castelnau, tente d'épurer l'épiscopat languedocien. En 1207 enfin, Innocent III lui-même, qui renonce à tout ménagement, excommunie le comte de Toulouse Raymond VI, suspect de complaisances envers les hérétiques et de surcroît « fourbe et lubrique ». Et quand, le 15 janvier 1208, l'un des écuyers du comte, d'un coup d'épieu à l'échine, assassine Pierre de Castelnau, le pape, littéralement fou d'une rage qui le laisse deux jours sans voix, fait appel au bras séculier, en l'occurrence au roi de France.

Philippe Auguste refuse de s'engager. Mais les chevaliers de Bourgogne, d'Ile-de-France et de Normandie sont séduits par l'idée d'une croisade facile, qui doit leur donner à bon compte l'assurance du salut éternel. Pour vaincre ce Midi hérétique en effet, il n'est pas besoin de traverser la mer, ni d'affronter la concurrence d'autres croisés déjà en place. Et de toute façon, les péchés sont remis, les biens des hérétiques sont promis.

En 1209, 20 000 chevaliers, suivis de toute une piétaille, descendent la vallée du Rhône. Ne pouvant leur résister, Raymond VI décide de se mettre à leur tête ; l'occasion est bonne aussi, pour lui, de se débarrasser du vicomte de Béziers et de Carcassonne, Roger Trencavel, devenu trop puissant à son gré. Effectivement, la capitale de celui-ci, Béziers, est mise à sac le 22 juillet 1209, et les soudards, pataugeant dans le sang, massacrent des milliers de personnes, réfugiées dans l'église de la Madeleine. Terrorisées, villes et châteaux ouvrent leurs portes aux croisés. Seule, Carcassonne résiste quinze jours : Roger Trencavel y est fait prisonnier, et sa vicomté échoit au moins scrupuleux des croisés, l'ambitieux Simon de Montfort, comte de Leicester. Ce petit seigneur bigot et brutal, venu d'Ile-de-France, poursuit la conquête pour son propre compte, tandis que la plupart des croisés, après quarante jours de campagne, rentrent chez eux, lavés de leurs péchés.

Les Bonshommes, traqués par Montfort, s'enferment d'abord dans les forteresses du Minervois et des Corbières. A Minerve, à Termes (1210), ils tiennent des mois contre leurs assiégeants, et ne capitulent que lorsque leurs citernes sont infectées par les rats, ou asséchées par un été brûlant. La plupart d'entre eux, refusant de renier leur foi, périssent dans d'immenses bûchers.

La guerre, pourtant, ne tarde pas à changer de caractère. Les hérétiques deviennent clandestins, évitent les batailles et les sièges. Quant à Montfort, il jette le masque : vicomte de Béziers et de Carcassonne, il veut maintenant devenir comte de Toulouse. Il gagne à sa cause les légats pontificaux, et, par eux, obtient du concile de Montpellier (1211) une nouvelle excommunication de Raymond VI. La mauvaise foi des barons du Nord est évidente : aussi Pierre II d'Aragon et tous les troubadours viennent-ils au secours du Toulousain. A la lutte des croisés contre les cathares succède désormais la guerre défensive du Midi contre le Nord. Cette défense est inefficace : à Muret, Pierre II est tué, Raymond VI s'enfuit. Toulouse tombe aux mains de Simon, et ses chevaliers font main basse sur les biens des hérétiques. Innocent III lui-même s'alarme des excès de ceux qui combattent en son nom.

En 1216, le mécontentement du Midi contre le nouvel oppresseur est à son comble, et c'est en libérateurs que Raymond VI et son fils Raymond VII, venant de Gênes et débarquant à Marseille, sont accueillis par le peuple. Pendant que Raymond VII opère une diversion sur Beaucaire, obligeant Simon, accouru de Paris, à venir l'y assiéger, Raymond VI marche sur Toulouse et parvient à rentrer dans sa ville avec un parti d'émigrés toulousains. Ses sujets « le couvrent de baisers », et « avec des couteaux fourbis » massacrent la garnison française. Simon tente en vain de reprendre Toulouse. Il est tué sous ses murs d'une pierre entre les deux yeux (1218). Lui disparu, le siège est levé.

Le triomphe de la maison de Toulouse est éclatant mais bref. En 1225, le concile de Bourges excommunie Raymond VII. Et Amaury de Montfort, le frêle héritier de Simon, cède au roi de France les droits qu'il tient de la succession de son père. Blanche de Castille et Louis VIII sont bien décidés cette fois-ci à s'emparer du Languedoc, pour châtier l'hérésie mais aussi pour donner au royaume un rivage méditerranéen et une riche région industrielle et commerçante. L'armée d'une nouvelle Croisade, commandée par Louis VIII, descend le Rhône, s'empare d'Avignon (1226), puis, sans coup férir, de tout le Languedoc, Toulouse excepté. Après la mort de Louis VIII, les dévastations systématiques d'Humbert de Beaujeu, sénéchal de Carcassonne, font réfléchir les derniers résistants : villages, vignobles et moissons sont ravagés autour de Toulouse. Raymond VII s'incline à Meaux (1229), promet de purger le pays des hérétiques, et de marier sa fille au frère de saint Louis. Moyennant quoi il lui est permis de venir s'humilier sur le parvis de Notre-Dame et d'y recevoir, en chemise, l'absolution. En 1271, sa fille meurt sans laisser d'enfants, et le Languedoc est définitivement rattaché à la couronne de France.

Pendant ce temps, l'extermination du catharisme se poursuit : Montségur, dernière forteresse et lieu saint des Bonshommes, tient dix mois contre les boulets des catapultes françaises et contre les commandos des montagnards basques (1243-1244). A la capitulation, conformément à l'accord signé entre assiégeants et assiégés, un immense bûcher, tapissé de fagots, environné de pals, reçoit les deux cents Parfaits qui refusent d'abjurer.

L'action militaire fait du reste place de plus en plus à l'offensive policière de l'Inquisition. D'anciens cathares, comme l'inquisiteur Robert le Bougre, font trembler les populations. Après 1250, on brûle assez rarement, mais on torture systématiquement. Les frères prêcheurs, qui depuis 1233 ont la charge de la répression, se heurtent souvent à une violente opposition, et à Cordes, plusieurs d'entre eux sont jetés dans un puits. Leurs efforts ont pourtant raison, peu à peu, des derniers foyers du catharisme. Ariège et Corbières restent longtemps rebelles. Le château de Quéribus, centre d'une garnison de *faidits* (proscrits) et d'un réseau de places fortes, ne tombe qu'en 1255 ; entre 1298 et 1309, un Parfait, Pierre Authier, réussit à tenir la campagne, et à échapper à ses poursuivants. A partir de 1301, un franciscain, Bernard Délicieux, mène à Carcassonne une véritable campagne politique contre l'Inquisition, par propagande, souscriptions, meetings. En 1320, il est condamné au « mur » (prison).

Les derniers procès sont antérieurs à 1350. Par la suite, l'Inquisition disparaît du Languedoc, faute d'enquêtes à mener. Le catharisme est totalement extirpé. Son étrange doctrine, l'auréole de mystère et de sang qui entoure sa brève histoire le font revivre aujourd'hui, comme source d'inspiration poétique et philosophique.

III. — Les débuts du Languedoc français

1. Le nouvel essor du XIIIe siècle. — Malgré la perte de son indépendance, malgré les ruines et les massacres, la région languedocienne conserve au XIIIe siècle une belle vitalité démographique et économique. L'augmentation sensible, autour de 1300, du nombre des feux et des chefs de famille (L. Thomas), la fondation de centaines de « bastides » entre 1222 et 1340 témoignent d'un essor continu de la population. Les défricheurs s'attaquent à des terroirs, bois ou *hermes*, qui au XIIe siècle étaient encore vierges. Les *barris* (faubourgs) prolifèrent autour des villes. La province, trop peuplée, ne parvient pas à nourrir tous ses hommes, et beaucoup de pauvres gens, à l'inverse d'aujourd'hui, émigrent en Espagne pour y trouver du travail.

La conjoncture économique est elle aussi tournée vers l'essor. Naturellement, la Croisade opère des reclassements. Saint-Gilles et Béziers, si prospères au XIIe siècle, déclinent fortement, mais leur place est prise par Narbonne et Montpellier, qui retirent ainsi le bénéfice d'une attitude temporisatrice pendant la guerre. Aigues-Mortes, dont saint Louis voulut faire le grand port français en Méditerranée pour les épices et les produits du Levant, connaît son apogée dans la seconde moitié du XIIIe siècle. A la même époque naissent les foires de Pézenas et de Montagnac. D'une façon générale, les relations commerciales se multiplient avec la France septentrionale, depuis que celle-ci a conquis la prééminence politique en Languedoc. Les marchands toulousains et montpelliérains sont signalés aux foires de Champagne. Les vins du Haut-Languedoc, ceux de Gaillac en particulier, voguent par les rivières, le port de Bordeaux et l'Atlantique jusqu'en Angleterre, et les laines britanniques effectuent le trajet inverse. La base des grands trafics demeure cependant le commerce du Levant. Les marchands montpelliérains, qui jusqu'en 1349 restent sujets de la maison d'Aragon, sont présents à Chypre, Rhodes et Alexandrie. Leur commerce est alimenté par la draperie régionale, plus active que jamais, dans les grandes villes (Toulouse, Carcassonne, Narbonne, Béziers) comme dans les centres plus modestes (Limoux, Lodève, Saint-Félix, Clermont, Montolieu, Fangeaux, Lagrasse, Saissac, Revel, Villepinte, Montréal, Gignac, Saint-Pons, Avignonnet-Lauraguais, Anduze). Du Levant parviennent encore les innovations agricoles et techniques : pour la première fois, au XIIIe siècle, le mûrier colonise les pentes des Cévennes, et les textes signalent des « trahandiers » qui font le tirage de la soie.

« Le Bâtiment va », lui aussi, et l'architecture religieuse manifeste sa vitalité. La voûte de Saint-Etienne de Toulouse, construite en pleine Croisade, sur l'ordre de Raymond VI, est l'une des premières manifestations du style gothique dans le Midi. Sainte-Cécile d'Albi, voulue par l'inquisiteur Bernard de Castanet, évêque de la ville, symbolise l'hérésie vaincue et le triomphe des croisés. Cette forteresse rose, malgré l'emploi de l'ogive, est toute proche encore des constructions romanes, tant sa voûte, aux baies étroites, est compacte et massive. Quelle différence avec les édifices aériens de l'Ile-de-France et de la Normandie ! C'est ce même style « gothique », un peu étriqué, qu'on retrouve à Lodève, à Carcassonne, à Montpellier et dans l'abside rayonnante de Saint-Nazaire de Béziers. Au XIVe siècle pourtant, les influences du Nord tendent à l'emporter complètement, les voûtes deviennent plus hautes et plus élancées : la collégiale Saint-Paul, à Narbonne, vers 1340, s'inspire directement des modèles du Mans et de Bourges et, pour les rosaces, de l'art champenois.

Au XIIIe siècle, les progrès matériels de la civilisation et l'échec du catharisme s'accompagnent dans le domaine spirituel d'une régression des tendances mystiques et d'un net développement de l'esprit positif. La poésie des troubadours décline irrémédiablement et se fige dans l'académisme du *Gai Savoir* (Toulouse, 1323). Ce déclin est compréhensible : la société bourgeoise l'emporte désormais sur la société courtoise. En contrepartie, l'essor du savoir prosaïque, autrement dit des Universités, au XIIIe et au début du XIVe siècle, est vraiment remarquable. Il est vrai que la crise albigeoise a porté quelque temps préjudice à l'école de médecine de Montpellier. Les médecins parisiens d'alors dénoncent non sans partialité les « sales pilules » de Montpellier, ses « pharmacopoles bavards, vaniteux et fourbes », et leurs élèves, « gonflés du mauvais grain de l'erreur ». Dès 1220, pourtant, l'Université — communauté juridique des maîtres et des étudiants — est fondée. A partir de 1309 la faveur des papes d'Avignon, bien soignés par Arnaud de Villeneuve, la déchéance de Salerne, puis l'effacement de Paris du fait de la guerre franco-anglaise permettent à Montpellier d'affirmer sa vocation médicale. On y dissèque, la chirurgie s'y développe, on y vient du « monde entier », plus exactement du Portugal à la Pologne. Les études juridiques consacrent la renaissance du droit romain, inaugurée en Languedoc par des jurisconsultes et des praticiens d'origine italienne. C'est à Montpellier que Guillaume de Nogaret, encore jeune étudiant, se forme une conception toute romaine d'une monarchie laïque, conception qu'il mettra plus tard au service de Philippe le Bel. Dès 1289, une bulle de Nicolas IV donne valeur universelle à la licence en droit délivrée dans cette ville. D'astucieux faussaires, utilisant la page blanche d'un registre royal, antidatent cette bulle à 1230.

A Toulouse, l'Université, fondée en 1229 pour lutter contre l'hérésie, s'écarte quelque peu de ce but premier. La théologie végète. Mais l'enseignement du droit romain fleurit sous Jacques de Revigny et ses successeurs. L'influence cléricale demeure cependant beaucoup plus forte qu'à Montpellier : évêque et chanoines confèrent les diplômes. Là aussi, les papes d'Avignon, souvent anciens étudiants de Toulouse, dotent et favorisent l'Université.

2. **Les nouvelles institutions.** — A ce pays en plein élan, l'annexion française permet d'affirmer son unité régionale. Au lieu d'une série de principautés indépendantes, on peut désormais parler d'un Languedoc royal unifié. La nécessité d'une coordination provinciale est ressentie d'autant plus vivement que le nouveau maître réside bien loin, dans le pays « d'au-delà » (au-delà des montagnes). Pour le rencontrer,

il faut plus d'une semaine et parfois près d'un mois d'un voyage terriblement coûteux. Montpellier, Toulouse sont aussi éloignées de Paris dans le temps que le seront Dakar et Brazzaville avant les relations aériennes. A ces pays lointains que le roi visite une fois ou deux pendant son règne (Charles V jamais), il faut donner des institutions particulières. Dès le XIIIe siècle, des personnages s'intitulent « lieutenant du roi en Languedoc ». Leur autorité déborde largement les frontières de la province — frontières qui ne seront tracées que plus tard — et elle s'étend jusqu'aux limites de l'aire linguistique d'oc. Mais avec le traité de Calais (1360), les pays d'oc de mouvance française sont réduits aux trois sénéchaussées de Beaucaire, Toulouse, Carcassonne. C'est cet « accident » qui décide du tracé définitif des frontières languedociennes, englobant désormais les trois sénéchaussées et elles seules. Depuis 1337, en tout cas, les gouverneurs du Languedoc se succèdent presque sans interruption. Sous leurs ordres, trois sénéchaux, forains, puissants et révocables, administrent respectivement les trois grandes circonscriptions qui se partagent le pays. Chacun d'eux est assisté par un conseil ou cour présidiale, à la tête de laquelle se trouve un juge-mage.

Auprès des pouvoirs, il existe une représentation spéciale des notables du pays. Ne doit-on pas les consulter pour savoir si la récolte a été bonne, et si les autorités doivent permettre ou interdire l'exportation des grains ? Faute de percepteurs et de gendarmes, il faut bien aussi les réunir pour faire appel à leur bonne volonté et obtenir d'eux, au terme d'un marchandage compliqué, l'octroi d'un subside, « fouage » ou impôt. On les convoque également à Tours et à Paris, avec les Etats généraux du royaume. C'est l'occasion pour les consuls, délégués par les « bonnes villes », de voyages interminables, prétextes à tourisme et à bonne chère. Pour subvenir à ces frais, les villes s'endettent, et parfois font banqueroute. Il convient donc de fractionner les Etats généraux. Les Etats du Languedoc, rendus ainsi nécessaires, prendront leur forme définitive pendant les guerres de Cent ans.

Ainsi, dans les années 1300, le Languedoc moderne, tel qu'il subsistera jusqu'à la Révolution, est en voie de constitution. L'indépendance politique et l'originalité religieuse ont disparu. Mais l'unité régionale est réalisée. Une communauté de destin se noue entre la France du Nord et cette nouvelle province, qui demeure riche et très active, malgré le terrible choc de la Croisade.

CHAPITRE III

LA PESTE, LA GUERRE ET LA CRISE

I. — La grande pandémie : causes et conséquences

La période qui va de 1348 à 1460 environ marque une rupture complète avec les siècles d'essor qui l'ont précédée. Effondrement démographique, marasme économique, tout indique une époque de crise, la plus grave qu'ait traversée la région depuis le haut Moyen Age jusqu'à nos jours.

Dès la première moitié du XIVe siècle, avant même le déclenchement de la catastrophe, on note certains prodromes inquiétants. Famines et disettes frappent tantôt le Haut, tantôt le Bas-Languedoc à une cadence vraiment alarmante. On en signale en 1302, 1303, 1304, 1305, 1310, 1312, 1313, 1322, 1323, 1329, 1335, 1336, 1337, 1339, 1341, 1345, 1346, 1347. Il est évident que la population du pays, à force d'augmenter depuis des siècles, est devenue trop nombreuse, relativement aux subsistances disponibles et aussi au marché du travail. Des bandes de vagabonds et de misérables, les Pastoureaux, errent dans les campagnes, et dans cette ambiance de malaise social, les foules mécontentes ont besoin de boucs émissaires. A partir de 1304, les Juifs, jusque-là tolérés, sont persécutés et chassés.

Les masses populaires sous-alimentées sont une proie sans défense pour la grande pandémie de 1348. Née quelque part en Asie, sans doute dans les centres d'endémicité qui avoisinent l'Himalaya, une souche virulente du bacille de la peste noire parvient dans le midi de la France, après avoir été signalée au Kirghizistan (cimetières de 1338), en Crimée (1346), en Sicile et à Marseille. Au printemps de 1348, elle est à pied d'œuvre en Languedoc. Quelques documents disent l'ampleur du fléau, plus exactement du cataclysme. A Montpellier, des 140 frères que compte le couvent des Prêcheurs, sept survivent. A Béziers, tout le consulat est emporté. A Albi, les cadastres ou compoix de 1343 et 1357 permettent une statistique précise : la population de la ville tombe de 10 000 à 5 000 habitants entre ces deux dates. La mortalité languedocienne de 1348 est analogue à celle des autres régions de l'Europe : elle oscille entre 350 et plus de 500 pour mille. Les survivants, pris d'une absurde folie de vengeance, massacrent les Juifs, présumés coupables, et torturent les mendiants porteurs de poudres suspectes.

Le fléau devient récurrent. Il se manifeste encore avec violence, notamment en 1361 et 1375 ; pratiquement, il subsiste à l'état endémique dans la région jusqu'au début du XVIe siècle.

Le désastre de 1348 et ceux qui le suivent modifient complètement les bases de l'activité économique. Les campagnes, jusque-là surpeuplées, se vident ; l'exploitation se concentre sur les bonnes terres, tandis qu'on abandonne les garrigues, les pentes montagneuses et les zones palustres, bref les terres marginales. Dans les villes, les faubourgs sont désertés ; même à l'intérieur des remparts, les porcs errent en liberté dans les terrains vagues et les *casals* (maisons en ruines). La disparition de familles entières fait le bonheur des quelques héritiers survivants, et les classes dirigeantes décimées sont profondément renouvelées. Le marché se rétrécit, entraînant la régression de l'industrie. Les profits baissent d'autant plus que les salaires augmentent en raison de la diminution massive de la main-d'œuvre. A Toulouse, on emploie les femmes aux plus durs travaux, et on va désormais chercher des saisonniers jusqu'en Bretagne.

La crise nourrit la crise, et une fois lancée s'entretient elle-même. Décadence économique et pestes conjuguent en effet leurs néfastes conséquences, et produisent une dépression démographique de longue durée. La population des trois sénéchaussées, d'après l'état des feux de 1328, peut être estimée très grossièrement à 1 500 000 habitants (contre environ 1 600 000 en 1789 et 2 500 000 en 1960). Est-elle tombée, dans la plus mauvaise période du XVe siècle, aux alentours, voire même au-dessous du million ? Un tel ordre de grandeur n'a en tout cas rien d'invraisemblable.

II. — Anglais, routiers et révoltés

La guerre franco-anglaise aggrave encore cette situation. En 1355, l'armée anglo-gasconne du Prince Noir ravage le Haut-Languedoc et ne s'arrête qu'à Narbonne, brûlant tout sur son passage. Après la paix de Calais (1360), la région doit subir les pillages des routiers, commandés par de redoutables truands ; Séguin de Badefol, Arnaud de Cervolle dit l'Archiprêtre, le Petit Mesquin mènent joyeuse vie avec les dépouilles des riches marchands « qui leur saillent en la main ». Certes les grandes compagnies quittent la France pour la

Castille, aux ordres de du Guesclin, mais elles n'ont rien de plus pressé, par la suite, que de revenir à leur point de départ. Quant aux Anglais, postés au château de Lourdes, ils en descendent pour razzier le Toulousain et au retour poussent devant eux « grant foison de bestial ».

L'anarchie féodale renaît. Aux Armagnac, fidèles à la France, s'opposent la maison de Foix et son chef, le pittoresque Gaston Phoebus, qui soutient la cause anglaise. Etrangers, routiers et grands seigneurs ne sont pas seuls à intervenir dans les conflits d'alors. Les masses populaires, exaspérées par la misère, irritées par la fiscalité royale, entreprennent de se révolter. Le soulèvement des *Tuchins*, né dans les montagnes de la Haute-Auvergne (Aurillac, Saint-Flour), se répand ensuite en Languedoc (1382-1383). Dans les diocèses d'Uzès et de Nîmes, les châteaux flambent et « tous ceux qui n'ont pas les mains calleuses » tremblent pour leur vie. Parallèlement aux mouvements paysans, l'émeute, dans les villes, fait rage contre l'impôt. A Montpellier, dans la nuit du 25 octobre 1379, les commissaires royaux venus lever un subside sont massacrés, et des furieux vont jusqu'à manger « la chair baptisée » des victimes. Des troubles semblables éclatent à Clermont-Lodève, Alès, Narbonne, Béziers (1381). En représailles, les cités rebelles sont frappées de lourdes amendes. La signification de ces événements dépasse les circonstances particulières qui les ont vu naître : jusqu'à la Fronde en effet, la révolte contre le fisc demeurera la forme privilégiée de l'action populaire.

Une certaine accalmie marque la fin du XIVe siècle et le début du XVe. Mais la guerre anglaise reprend, l'assassinat de Louis d'Orléans (1407) jette les Armagnacs contre les Bourguignons, ces derniers soutenus dans le Midi par Jean Ier, comte de Foix. Brigands et routiers commettent à nouveau « exécrations pires que les Anglais ». L'insécurité paralyse l'économie. A Toulouse, par exemple, en 1419, le travail s'est complètement interrompu, nobles, bourgeois, officiers royaux et Capitouls ne touchent plus leurs rentes et leurs cens, les marchands cessent de vendre, d'acheter, de transporter, les artisans produisent à vil prix, on n'ose même plus sortir des remparts (texte cité par Ph. Wolff).

La province penche d'abord pour Isabeau de Bavière et les Bourguignons qui, démagogiquement, promettent la suppression des « subsides » royaux. Les partisans du dauphin Charles ne se recrutent qu'aux frontières orientales du pays (Beaucaire, Vivarais, Gévaudan). Les commissaires bourguignons punissent Pézenas de sa fidélité au dauphin par le déplacement de ses foires à Béziers (1418). Déjà pourtant, Jean Ier de Foix évite de s'engager à fond avec les amis de la reine. Sagement, il se fait nommer gouverneur par les deux partis à la fois (1419), et il ne tarde pas à se rapprocher des Armagnacs. En mars 1420, Charles VII peut ainsi faire son entrée à Toulouse. Pour achever de gagner cette grande ville, il lui accorde un Parlement, dont le vaste ressort à l'ouest déborde largement les frontières du Languedoc. Huit ans plus tard, il promet encore de ne lever aucune taille « sans appeler à ce les gens des trois Etats » du pays. La réunion annuelle d'une grande assemblée provinciale se trouve ainsi consacrée. Etats et Parlement demeureront pendant plus de trois siècles les deux institutions fondamentales de la province.

Ces concessions intelligentes ont un effet décisif. Le Languedoc identifie maintenant son destin avec celui du petit roi de Bourges. Au rattachement forcé de 1209-1229 se substitue un attachement librement consenti. L'unité avec la France est comme fondée une seconde fois, et la région fournit hommes et argent aux entreprises de Charles VII et de Jeanne d'Arc.

Cependant les exactions des Anglais et des routiers continuent, et les habitants tentent tant bien que mal de s'en garantir. A l'époque des vendanges les étudiants de Toulouse, munis d'arbalètes, se font embaucher par les vignerons moyennant quelque argent, pour protéger les travailleurs contre les bandes de brigands, dont la plus redoutable est celle de Rodrigue de Villandrado. A partir de 1445, la sécurité revient lentement dans le pays. La paix est rétablie avec l'expulsion des Anglais de Guyenne (1449-1453).

III. — « L'âpre saveur de la vie »

Tout n'est pas noir pourtant, au cours de cette dure période des XIVe et XVe siècles. D'abord, la crise, à la longue, a certains effets positifs. La population ayant beaucoup diminué, les difficultés de subsistances deviennent moins pressantes et moins fréquentes. L'alimentation populaire, dans certains domaines, s'améliore. Le mauvais pain d'orge, d'usage courant dans le Bas-Languedoc aux XIIe et XIIIe siècles, est remplacé autour de 1400 par le pain de seigle, de méteil ou de froment. La viande de boucherie est largement consommée, au moins dans les villes.

Et puis, comme l'a bien montré Huizinga, dans ces sociétés dangereuses, sans cesse en péril de peste ou de guerre, l'existence acquiert une âpre saveur. Les villes grouillent de vie. Chacune d'elles a sa « rue chaude » où de nombreuses prostituées exercent leur industrie, protégée par la loi, sous la direction de leur « abbesse ». Des foules hystériques se ruent aux spectacles violents, qu'il s'agisse du supplice d'un criminel, ou du sermon d'un prédicateur en vogue ! Vincent Ferrier en 1416, Olivier Maillard à la fin du XVe siècle bouleversent les Toulousains par leur éloquence enflammée, le second n'hésitant pas à insulter les « robes rouges » du Parlement.

Dans ces villes amoindries, mais encore actives, de grands desseins semblent à nouveau possibles. Dans les années 1440, Jacques Cœur, « homme d'industrie et de hault engin », établit à Montpellier, où les consuls l'ont exempté d'impôts, le centre de ses affaires. Visiteur des gabelles, commissaire près des Etats de Languedoc, l'Argentier fait à la fois ses affaires et celles du roi. Par ses comptoirs, il fait venir les draps d'Angleterre et de Normandie, les toiles de Hollande et de Champagne, les soieries, les joyaux d'Allemagne. Du Levant, il importe sur ses galères les épices, le sucre, le coton, les drogues, les soies. A Montpellier même, il tente de relever l'industrie de la draperie rouge, et il fonde, à la façon italienne, une loge des marchands. Dans la ville, il possède tout un groupe d'immeubles, aux grandes salles voûtées, aux caves spacieuses et fraîches, et il y donne souvent « de grands fêtements et bonnes chères, tant de dames, damoiselles, bourgeoises et pucelles, que de danses et ébattements ».

Mais cet épisode est passager. « Pour le Languedoc méditerranéen, le moment de l'apogée commerciale est passé » (J. Combes). Les ports sont mauvais, la côte s'enlise. A partir de 1450, l'Argentier transporte le centre de ses affaires à Marseille. Les Languedociens lui gardent rancune de cette « trahison », et, lors de son procès, les principales familles de marchands montpelliérains, les Teinturier, les Castellain, s'acharnent à sa perte.

La civilisation difficile du XVe siècle languedocien a finalement trouvé dans l'art, et pour la première fois dans la peinture, son expression la plus achevée. Jacques Cœur est le contemporain d'Enguerrand Quarton, auteur du *Couronnement de la Vierge*. Avec ce peintre et avec toute l'école de Villeneuve-lès-Avignon, l'influence italienne, surtout toscane et siennoise, s'affirme dans l'art régional, dont le chef-d'œuvre est la célèbre *Piéta* de Villeneuve. C'est dans ce tableau, où la figure d'une Vierge âgée, hiératique, se détachant sur un ciel vide, offre un contraste violent avec celles de la sainte femme et de l'apôtre, tendrement penchés sur le corps rayonnant du Christ, qu'on rencontre sans doute la réalisation la plus forte de la vision tragique au XVe siècle.

Chapitre IV

L'APOGÉE MODERNE

I. — Le beau XVIe siècle

1. **L'expansion.** — Vers 1490 (date large), une conjoncture séculaire se renverse. La population de la province reprend à une cadence rapide un mouvement ascendant, et elle augmente sans interruption jusqu'à 1560-1570. C'est l'aspect local d'un phénomène universel. Au même moment en effet, en Provence, Espagne, Italie, dans toute l'Europe, le nombre des hommes ne cesse de s'accroître.

La renaissance économique accompagne la renaissance démographique. En trois générations, les terres marginales, abandonnées depuis les désastres de 1348 et du siècle suivant, sont remises en culture. Une foule de petites propriétés se constitue aux dépens des communaux, des terrains de pacage, ou par morcellement de domaines plus étendus. Sur les pentes reconquises des Cévennes ou des garrigues les cultures en terrasses — arbustives ou annuelles — déploient de nouveau leurs escaliers de verdure et de pierre. A partir de 1540, l'afflux incessant d'argent américain, venu par l'Espagne, accélère encore cette expansion. Prix, profits, investissements sont à la hausse.

Fort heureusement, sur ce siècle d'or, nous possédons un témoignage vivant, celui des frères Platter. Il s'agit de deux étudiants en médecine, originaires de Bâle, et qui, inscrits à l'Université de Montpellier, mettent à profit leurs loisirs pour voyager dans la région. Le premier, Félix Platter, arrive à Lyon le 10 octobre 1552. C'est là qu'il boit son premier verre de vin de Frontignan. De là il se rend à Montpellier, où il parvient après avoir suivi des routes entièrement bordées d'oliviers et de vignes muscat. Dans la ville, il admire dès son arrivée la vie luxueuse et galante de la noblesse et des étudiants. Il décrit les soupers fins, les mascarades, les bals aux flambeaux où sur un tapis de Catalogne on danse la volte, le branle et la gaillarde, au son d'un orchestre dissimulé derrière une tapisserie ; il évoque les sérénades avec luths, violes, fifres, trompettes et hautbois, les coûteuses batailles de rues livrées à coup de dragées et d'oranges. Le luxe est d'abord dans les vêtements, et Platter, vingt ans après, s'extasie encore sur ses chausses neuves, « de couleur rouge, collantes, avec des crevés doublés de taffetas, et des plissés si bas qu'il s'assoit sur les fronces ». Le dimanche, les jeunes hommes se rendent à leur campagne, au pas de leur mule, une demoiselle en croupe. Dès le mois de mai, ils vont à la mer ou à la rivière et se baignent au son des violons. Les soirs d'été, les étudiants révisent leurs cours, ou jouent du luth en prenant le frais sur les terrasses des maisons, et la nuit, ils vont déterrer des cadavres pour les disséquer. Moins studieux qu'eux, quantité d' « officiers » (magistrats), de soldats, de gens non mariés ne s'occupent en fait que de danse, de chevaux, de femmes, de jeu de paume. L'austère Bâlois se scandalise de la légèreté des mœurs, inconcevable en Suisse : les fiançailles, prolongées comme à plaisir, durent souvent dix à douze ans, sous prétexte d'éviter les manigances des sorciers, qui jettent l'aiguillette (gage d'impuissance) aux jeunes couples.

Dans cette société, où les classes bien rentées semblent apprécier la douceur de vivre, les marchands ne tiennent plus, comme au XIIIe siècle, le haut du pavé. Le port de Lattes est en effet ruiné, et seules quelques barques y abordent encore. Les médecins en revanche ont acquis beaucoup d'importance. Tel Rondelet, *Rondibilis*, « l'antique ami » de François Rabelais avec lequel celui-ci joua, lors de son séjour à Montpellier, la « morale comoedie de celui qui avoit respousé une femme mute ». Le groupe social le plus influent est constitué par les gens de robe, les conseillers à la Cour des Aides, établie à Montpellier depuis 1437.

Félix Platter voyage beaucoup, tout comme son frère. S'il a peu vu Béziers, où il s'est surtout occupé d'une certaine demoiselle en pantalons de soie jaune, il connaît bien Frontignan, bourg de pêcheurs et de vignerons, où les barques génoises viennent charger le vin muscat, il visite les bains de Balaruc, près desquels les curistes « arquebusent » en plein champ, et Nîmes, cité prospère au milieu des figuiers et des grenadiers. Les bourgs du littoral, selon lui, sont actifs, sauf Aiguesmortes, ensablée, malsaine, où les chômeurs errent désœuvrés autour de la halle au poisson. Il aime aussi la montagne, vers laquelle il se dirige souvent pour herboriser. Il en profite pour manger du beurre à s'en rendre malade et se consoler ainsi de la disette de laitages qui sévit à Montpellier. Les deux frères sont surtout frappés par l'activité des industries cévenoles : les tonneliers de Sumène, les orpailleurs qui récupèrent quelques paillettes le long des torrents, les gentilshommes verriers qui, en chausses et pourpoint de velours, soufflent le verre au feu de leurs fourneaux, retiennent tour à tour leur attention. Mais l'industrie la plus considérable demeure celle de la laine. C'est d'elle que vit à Uzès un prolétariat misérable, malade des écrouelles, méprisé enfin, car la population des alentours refuse de s'unir en mariage avec d'aussi pauvres gens. Leur travail enrichit les marchands d'Uzès qui font un commerce considérable de *serges*, en France, Espagne et Italie. Parmi eux, les fortunes de 30 000 livres ne sont pas rares. Platter passe la nuit de Noël, à la mode provençale, chez l'un d'eux, Carsan. Ce Carsan possède 600 000 livres de créances, et il a acquis la seigneurie de deux villes et de plusieurs hameaux.

Vers l'ouest, Platter décrit Pézenas, ville de cour où réside le duc de Ventadour, et centre industriel dont les chapeaux de feutre s'exportent jusqu'à Lyon. Les foires annuelles de Pézenas voient affluer l'argent espagnol qui, venu par Gênes et Agde, vient s'échanger ici contre les toiles de Bretagne et les draps de Paris et de Rouen. Narbonne est le grand marché du blé, acheté dans les bassins de l'Aude et de la Garonne, et revendu sur les côtes de la Méditerranée : les marchands y sont riches et « font de grandes dépenses pour leurs vêtements et pour leurs plaisirs ».

Le Haut-Languedoc, selon d'autres sources, semble à peine moins actif. A Toulouse, c'est l'apogée du pastel. Le développement du luxe stimule la culture de cette plante, qui donne des « bleus indélébiles », et en composition avec d'autres teintures, « des noirs, des violets et des verts superbes ». Jean Bernuy, Pierre Assézat, d'autres gros négociants expédient les balles de pastel vers l'Espagne, l'Angleterre, la Normandie, les Flandres. Le marchand pastelier vit dans le souci. Il a trois récoltes sur les bras, celle qu'il achète (comptant) au paysan, celle qu'il conditionne (un an de travail), celle qu'il écoule sur les marchés extérieurs. Mais quels bénéfices, malgré la concurrence déloyale du mauvais pastel de l'Albigeois ! A la fin du siècle, l'indigo évince le pastel, et met en sommeil le capitalisme toulousain (G. Caster).

L'expansion du XVIe siècle a pourtant ses mauvais côtés. L'essor démographique pose de nouveau avec gravité le problème des subsistances, qui n'augmentent pas au même rythme que la population. Presque chaque année, les Etats interdisent l'exportation des grains. Une série de disettes culmine dans la terrible famine de 1529 qui provoque la crise et la peste (1529-1532). Tout comme en Espagne, le salaire réel est en baisse, du fait de l'inflation et de la surabondance de main-d'œuvre. L'alimentation populaire se détériore, et les contrats notariés pour l'ouvrier agricole nourri prévoient moins de froment et plus de seigle, moins de vin et plus de piquette, moins de viande enfin.

Le mécontentement social s'accroît, car la baisse du salaire contraste avec la hausse du profit et avec la stabilité de la rente foncière. La cible de toutes les rancunes, c'est l'Eglise. Son revenu principal, la dîme, « indexée » sur la production et sur l'inflation, connaît une hausse nominale impressionnante. Le clergé est ainsi le seul groupe social qui bénéficie, soixante-dix ans durant, de l'enrichissement apparent dans la sécurité réelle. On le lui fait payer cher, après 1560.

2. **Institutions et société.** — Le gouverneur du Languedoc, recruté au sein d'une grande famille (les Bourbons jusqu'en 1526, les Montmorency par la suite), représente le roi dans la province. Mais il ne réside guère et son suppléant, le lieutenant général, a peu de prestige. Les notables locaux conservent donc une grande influence dans la direction des affaires, grâce à leur représentation annuelle aux Etats de la province. Ces Etats, toujours suivis d'une foule de parasites, de mendiants et de musiciens, siègent tour à tour dans les

principales villes. On y vote par tête et non par ordre. En raison du peu d'assiduité des prélats et des barons, la prépondérance du « Tiers-Etat » (en fait des oligarchies municipales) y est automatiquement garantie.

Un formalisme rigide préside aux délibérations de l'assemblée provinciale. La première séance s'ouvre en général dans le réfectoire d'un grand couvent ou dans la salle d'un château. Elle débute par le discours que prononce l'un des commissaires du roi. Il allègue les périls de l'heure, la situation difficile de son maître et demande le vote d'un subside élevé. Dans sa réponse, le président des Etats reprend chaque année les mêmes arguments : la province aimerait déférer aux ordres du roi, mais elle est ruinée par la peste, la guerre ou la disette ; il propose donc l'octroi d'une somme bien inférieure aux demandes des commissaires. Un marchandage rituel, dont le résultat était connu et prévu d'avance, aboutit aux votes d'un subside moyen, compris entre les prétentions des uns et les propositions des autres. Il n'empêche que l'impôt direct est de plus en plus élevé au cours du siècle, mais c'est en raison uniquement de la hausse des prix : 210 000 livres sont perçues en 1484, 350 000 en 1514, 725 000 en 1557.

Après le vote des Etats, la levée des tailles est ensuite répartie entre les vingt-deux diocèses du Languedoc, sur la base d'un tarif qui ne varie pas de 1480 à 1789. Dans chaque diocèse, une assemblée particulière, image en réduction des Etats, l'Assiette, répartit à son tour la taille entre les communautés sur la base du cadastre ou compoix diocésain. Enfin dans chaque communauté (ville ou village), le conseil de ville ou les consuls font lever la taille par les collecteurs, au prorata des biens fonciers de chaque contribuable, mesurés par le compoix terrien de la communauté. Les Etats ne s'intéressent pas seulement à l'impôt. Ils délibèrent aussi des affaires particulières de la province, délèguent à la Cour pour parvenir plus rapidement à leurs fins, et, dans le même but, comblent de cadeaux les grands personnages, qui acceptent sans vergogne. Le comte d'Enghien reçoit ainsi 10 000 écus en 1544.

Face aux Etats, s'affirme la puissance des Cours souveraines. Le Parlement de Toulouse juge en appel ou même directement dans un vaste ressort, qui comprend le Languedoc, le Rouergue, les pays de Figeac, de Cahors, d'Auch et de Tarbes. La Cour des Aides de Montpellier n'est en principe qu'un tribunal administratif, qui se charge du contentieux des impôts et gabelles, mais elle peut prononcer les peines les plus sévères, « mesmement de mort et abscission de membres ». A Montpellier encore, la Chambre des Comptes vérifie toutes les comptabilités publiques, provinciales, diocésaines, municipales.

Propriétaires de leurs charges, qu'ils ont acquises, à prix d'argent, les « officiers » de ces cours souveraines deviennent de puissants personnages. Ils peuvent même léguer leur office à leurs descendants, à condition de le résigner quarante jours avant de mourir. Clause gênante, mais facilement tournée : la famille en effet n'hésite pas à saler le cadavre du magistrat prématurément décédé, et à le conserver dans son lit de malade, jusqu'à l'accomplissement des quarante jours réglementaires. Le décès légal est alors officiellement proclamé. L'office est conservé dans la famille (R. Mousnier). En 1604, la « Paulette » généralisera l'hérédité moyennant une taxe modique.

Ces officiers, comblés « d'épices » et de cadeaux, acquéreurs de terre dans le plat pays (par exemple à Lattes près de Montpellier), forment la base d'une noblesse, qui se recrute par achat de fiefs ou par alliance avec les anciennes familles. L'ascension sociale qui mène de la « marchandise » à l'aristocratie passe souvent par l'acquisition d'un office. La noblesse de robe qui se constitue ainsi est du reste plus éclairée que la noblesse d'épée. Dès 1550, apparaît le type du magistrat cultivé, imbu de lettres grecques et latines, ennemi prudent de tout fanatisme. Tel est Jean Philippi, descendant de marchands, général à la Cour des Aides et professeur à la Faculté de droit de Montpellier. Auteur de plusieurs traités juridiques, c'est aussi un calviniste de la première heure. Mais « courageux comme un philosophe », il abjure en 1568 pour conserver sa place.

3. **La révolution linguistique et intellectuelle.** — Les transformations économiques et sociales s'accompagnent d'une véritable mutation culturelle. Evoquons d'abord la révolution linguistique (1480-1540). Après deux siècles de présence française, la langue d'oïl, dans la première moitié du XVe siècle, n'était guère parlée que par les administrateurs et les immigrés du Nord. Brusquement, en soixante ans à peine, elle devient la langue de culture et bien souvent la langue quotidienne de la noblesse et de la bourgeoisie. Ces deux classes en tout cas sont certainement bilingues vers 1540-1550. La langue d'oc elle-même, à laquelle le peuple demeure fidèle, se transforme par l'introduction d'un grand nombre de mots français ou dérivés du français. Par où s'opère cette pénétration pacifique ? D'abord par la vallée du Rhône, axe essentiel de la civilisation et des échanges : entre 1450 et 1500, la rive droite du fleuve, Nîmes et Montpellier sont gagnées au français. Entre 1500 et 1530, une seconde vague, venue simultanément par l'ouest et par l'est, atteint Toulouse et les pays de la Garonne, Alès, Uzès et Béziers, le Vivarais et le Gévaudan.

L'ordonnance de Villers-Cotterets (1539), par laquelle François Ier impose l'emploi du français dans les actes de justice, accélère cette évolution ; les petites villes du Carcassonnais, du Lauraguais, de l'Albigeois se « convertissent » à leur tour, vers 1540. Seul résiste jusque vers 1590 l'îlot montagneux du Rouergue et du Saint-Ponais. On y reste fidèle dans les textes écrits aux dialectes d'oc, tout comme, 1 500 ans plus tôt, on y avait préservé longtemps, face au latin, l'emploi du celtique. Toute cette dynamique souligne le rôle civilisateur des grandes vallées, des routes commerciales, en même temps que s'accuse l'opposition entre montagnes « sous-développées » (le Rouergue) et montagnes actives et industrielles (le Velay), plus perméables aux grands courants culturels.

La diffusion du français est inséparable des progrès de l'imprimerie et de l'humanisme. Dès 1476, des presses sont établies à Toulouse, et l'imprimerie installée par l'évêque de Montpellier, Pellissier, en son château du Terral (1527), comporte un matériel de 7 000 livres « en plus beaux caractères de France, matrices de bronze, poinçons d'acier, caractères de fin estaing ». Les humanistes, Rondelet à Montpellier, Visagier et Dolet à Toulouse, Scaliger à Agen, sont en rapport constant avec Lyon, capitale intellectuelle française de ce temps. Nul régionalisme dans cet humanisme régional. Aussi bien les étudiants de Toulouse et de Montpellier viennent-ils de France et d'Allemagne, d'Italie et d'Ecosse.

L'essor culturel n'abolit pas les mentalités médiévales. Les meilleurs esprits ne restent-ils pas obsédés par la peur du diable ? Joubert, successeur de Rondelet à l'École de Médecine, croit aux maléfices et à la magie. Dans le peuple, un couple sur deux, dit-on, se marie secrètement par crainte des sorciers. Des paysans possédés crachent des flammes, au grand effroi des ecclésiastiques ; Augier lui-même, grand prévôt de Languedoc, est nécromancien à ses heures, et fait mourir de noble dames à l'aide d'un démon familier, son complice. Il faudra encore un bon siècle avant que l'influence cartésienne mette bon ordre à tout cela.

4. Géographie de la Réforme languedocienne. — Plus que les transformations intellectuelles, qui intéressent surtout les classes supérieures, la révolution religieuse retient l'attention par l'ampleur de son influence. En Languedoc comme ailleurs et peut-être plus qu'ailleurs (L. Guiraud), le clergé des années 1520-1540, incompétent, paillard, affairiste, est incapable de répondre aux besoins spirituels d'une société profondément renouvelée. A partir de 1528-1532, les « luthériens » apparaissent en grand nombre. La crise économique, le mécontentement social, si intenses durant ces quatre années, favorisent leurs desseins et servent leur prédication. Des étudiants de Montpellier, des artisans, des seigneurs cévenols, accusés d'hérésie, sont poursuivis. Les ministres, clandestins et traqués, errent de ville en ville, prêchant et enseignant dans les maisons des bourgeois. La route suivie par les idées de réforme est clairement tracée. Elle s'identifie au départ, comme celle de l'emploi du français, à l'axe rhodanien. De Lyon en effet, les colporteurs de bibles, les érudits, les étudiants, les marchands, les muletiers, apportent les nouvelles doctrines dans les villes du Bas-Rhône, puis du Bas-Languedoc. En 1550-1560, Uzès, Alès, Nîmes, Aiguesmortes ont les groupes de réformés les plus nombreux du midi de la France. On n'en trouve l'équivalent dans le Royaume que dans les très grandes villes, Paris, Rouen, Orléans... Des villes et des plaines, l'infiltration protestante gagne les montagnes, plus précisément les vallées qui entaillent le talus cévenol. Le long des Gardons, dans la région d'Alès et d'Anduze, on trouve ainsi, dès 1550, la plus forte concentration française de protestantisme rural. La vallée d'Hérault de Pézenas à Ganges est également fort « infectée » d'hérésie. En revanche, dans le Haut-Languedoc, moins urbanisé, les réformés en 1550 ne sont vraiment nombreux qu'à Toulouse (où ils demeurent cependant minoritaires) et au nord, dans les montagnes industrieuses d'Albi et surtout de Castres. Les anciens pays cathares de l'Aude sont peu touchés. Leur atonie spirituelle n'est-elle pas à mettre en rapport avec leur déchéance économique, conséquence inéluctable du déclin du port de Narbonne, peu praticable depuis le XIVe siècle ? Du XIIIe au XVIe siècle, le centre de gravité de l'économie languedocienne s'est déplacé vers l'est, vers la région nîmoise et cévenole. On y travaille la laine, la soie, le bois, le verre et le cuir, et l'on y extrait le charbon de terre ; Marseille et Lyon, en plein développement, fournissent à cette région des débouchés sûrs et commodes. Le décalage vers l'est du foyer principal d'hérésie traduit ainsi à sa façon les remaniements décisifs de la géographie humaine d'une province.

Tout cela pourtant reste longtemps clandestin. On craint trop la répression, surtout quand elle vient du Parlement de Toulouse, gardien vigilant de l'orthodoxie catholique. Entre 1540 et 1549, dix-huit suspects sont brûlés. En 1559-1560, enfin, les religionnaires affirment publiquement leurs croyances. Brusquement, c'est une explosion de haine contre les papistes. A Nîmes, les hosties sont foulées aux pieds, les images brisées, les parchemins des dîmes brûlés. A Montpellier, les églises sont rasées, la messe est abolie. A Béziers, les chevaux mangent de l'avoine sur les autels. A Lodève, le corps de saint Fulcran, miraculeusement préservé depuis mille ans, est bouilli dans une marmite, puis vendu par morceaux chez les bouchers de la ville. Aux sacrilèges et aux violences du Bas-Languedoc protestant répondent les représailles du Haut-Languedoc catholique. A Gaillac, des vignerons précipitent les réformés dans le Tarn du haut d'un rocher, et des bateliers, à coups de rames, assomment les survivants. La province entre dans le cercle infernal des guerres, et elle n'en sort, complètement épuisée, que trente-cinq ans plus tard.

II. — La guerre civile

1. **Partis et combattants.** — Les guerres de religion (1560-1598) forment une suite ininterrompue de sièges, de courses, de sacs de villes, de massacres et de trêves. On n'y rencontre pas d'action décisive : les grandes batailles (Jarnac, Moncontour) se livrent hors de la province. En Languedoc même, la lutte est menée de part et d'autre avec de faibles moyens : arquebusiers à pied, cavalerie noble, peu nombreuse, secondée par une artillerie rare, mais d'autant plus redoutable. Quelques coups de canon, de ces canons en métal de cloche que viennent fondre les artisans de Lorraine ou d'Argonne, peuvent suffire pour qu'une forteresse se rende. La tactique des bandes catholiques et calvinistes est toujours la même : occuper une place forte, piller, se ravitailler, monter des embuscades. Les chefs économisent ainsi le sang de leurs hommes, mais ils épuisent le pays, qui doit sans cesse satisfaire aux réquisitions des commissaires aux vivres. Quand une trêve, ou la pénurie d'argent, oblige à licencier les reîtres, ceux-ci, comme au XVe siècle, se font brigands. Ils mettent à leur tête des aventuriers de belle prestance, tel ce capitaine Aragon, fils d'un forgeron de Lunel, célèbre pour avoir enlevé la maîtresse de Montmorency, et pour être capable de trancher un âne en deux d'un seul coup d'épée. Du reste, même les objectifs proprement religieux des combattants sont constamment traversés par les ambitions personnelles des chefs : un Montmorency-Damville, à force de louvoyer habilement entre les deux camps, se taille dans son gouvernement de Languedoc un véritable royaume. A leur niveau qui est plus modeste, nobles et bourgeois profitent des événements pour

s'approprier les biens du clergé ou les trésors des églises.

Les premières années de guerre voient s'affronter, de part et d'autre de la vallée d'Hérault (limite approximative des deux partis), deux blocs religieux « dont les prières ne se mêlent pas ». Deux grands seigneurs, Crussol et Joyeuse, commandent l'un à l'est les protestants, le second à l'ouest les catholiques. La trêve qui suit l'édit d'Amboise (1563) permet à Charles IX, en tournée de réconciliation, de parcourir la province, par la route classique qui mène de Beaucaire à Montpellier et à Toulouse (1564). Ses sujets des deux religions font crever sur lui des grêles de dragées et des pluies d'eaux de senteur... Mais dès 1566, la guerre reprend. Elle dure, avec quelques moments de répit, jusqu'en 1570. En octobre 1572, avec un certain retard sur Paris, quelques villes catholiques du Haut-Languedoc (Toulouse, Gaillac, Rabastens), procèdent au massacre sommaire de leurs minorités calvinistes.

Cette petite Saint-Barthélemy du Midi marque un tournant dans la lutte : à Toulouse même, une fraction des catholiques marque sa répugnance à de tels excès. Elle accroît ce tiers-parti modéré, formé à la Cour derrière François d'Alençon, frère du Roi, et qui, en Languedoc, s'appuie sur le gouverneur, Montmorency-Damville. En 1574, à la suite d'un complot manqué contre les Guise, Damville est du reste menacé d'arrestation. Il jette le masque, et, catholique, il fait alliance pour garder ses fonctions, avec les réformés — qui s'empressent de le mettre à leur tête (assemblée de Millau, 1574) : grâce à lui, ses nouveaux alliés peuvent proclamer la liberté de conscience. Tandis que les huguenots se donnent ainsi un chef catholique, les troupes catholiques, elles, sont commandées par un protestant notoire, Jacques de Crussol, duc d'Uzès, ennemi acharné de la famille de Montmorency...

Face aux « politiques » du Bas-Languedoc, à Damville et à ses amis, les catholiques extrêmes du Haut-Languedoc ne restent pas inactifs. En 1575, les Etats de Carcassonne, dont ils se sont assuré le contrôle, organisent à la demande des capitouls de Toulouse, une association ou *ligue* contre les religionnaires et les catholiques politiques. Elle est animée par le jeune Anne de Joyeuse, le célèbre mignon d'Henri III. Non content du titre de duc, et d'un mariage princier qu'il doit à la faveur de son maître, ce Joyeuse cherche à évincer de son gouvernement Montmorency — à la famille duquel, pourtant, sa propre maison est redevable au début du XVIe siècle, des premières étapes d'une prodigieuse ascension. Ainsi, au-delà des fois religieuses et des options politiques, deux hommes, deux lignages — les Joyeuse et les Montmorency — s'affrontent. Leur querelle remplit toute la fin du siècle.

Après l'assassinat des Guise (1588), Henri III se rapproche de Montmorency. Mais la Ligue toulousaine et narbonnaise bénéficie du soutien direct de l'Espagne : c'est dire que l'argent ne lui fait pas défaut. Antoine Scipion de Joyeuse, lieutenant général du Languedoc pour la Ligue, après la mort de son frère Anne, tué à Coutras en 1587, est pensionné par S.M. catholique, « la plus catholique des catholiques, sur laquelle après Dieu est fondée toute espérance ». Il accumule cependant les échecs. Ses alliés, les reîtres espagnols, ne peuvent prendre Leucate, héroïquement défendue par Constance de Cézelli ; et en 1592, Philippe II, alerté par la révolte de l'Aragon, rappelle ses contingents. Les troupes d'Antoine Scipion, ainsi affaiblies, doivent quitter le Bas-Languedoc, et lui-même, battu à Villemur, se noie dans le Tarn, assommé par une poutre (1592). Il reste encore un Joyeuse, F. Ange, le capucin mystique. Les ligueurs le somment, sous peine de péché mortel, de quitter le froc pour se mettre à leur tête. Il obtempère et, « de moine, se métamorphose en duc ». Mais il sent que la partie est perdue, et, réaliste, conclut une trêve avec Montmorency. Les ligueurs de Toulouse, privés de toute perspective, n'espèrent plus que dans l'assassinat du roi Henri IV, *le coup du ciel*. Leur attente est cette fois déçue. En 1596, Ange de Joyeuse fait sa soumission définitive, moyennant le bâton de maréchal, et, en 1599, achevant sa destinée baroque, il revêt à nouveau la robe de capucin. Les Joyeuse, ces parvenus trop ambitieux, s'inclinent donc devant les Montmorency. Les politiques l'emportent sur les ligueurs. Damville reprend autorité sur tout le Languedoc, et Henri IV, reconnaissant, le nomme connétable.

2. **Bilan des combats.** — Les guerres civiles sont lourdes de conséquences. Et d'abord, elles dessinent pour quatre siècles la carte religieuse de la province. Elles imposent au protestantisme des limites presque infranchissables, et elles le confinent à l'est du Bas-Hérault, au nord de la Montagne-Noire — avec une enclave pourtant dans le pays de Foix. En second lieu, elles accélèrent le bouleversement social que provoquait déjà l'inflation. Bien des grandes familles, à l'exemple des Joyeuse, sont décimées dans les combats. Et les fils des médecins ou des marchands calvinistes du XVIe siècle, devenus magistrats et commissaires aux guerres, prennent la relève de l'ancienne noblesse dont les rangs se sont éclaircis. En Vivarais, un protestant, d'une famille de négociants, Olivier de Serres, se tourne vers la richesse foncière, cultive bien son vaste domaine du Pradel, paie mal (« le plus petitement possible ») ses ouvriers, vend son blé en période de cherté, devient riche seigneur et agronome célèbre (*Théâtre d'agriculture*, 1600).

Malgré ces réussites sociales des bourgeois conquérants,

la période 1560-1600 est difficile au point de vue économique. De l'inflation-argent, si vive en ces quarante années, le Languedoc, ravagé par la guerre, bénéficie peu, ou plutôt il ne connaît de celle-ci que les mauvais côtés. L'expansion économique, que celle-ci devrait normalement provoquer, est inhibée par les combats : les soldats pillent, détruisent, enlèvent le bétail aratoire. Beaucoup de terres restent incultes. Quant à l'essor démographique du premier XVIe siècle, il est ralenti après 1560-1570, et beaucoup de gens se réfugient en Espagne. La hausse des prix, en année de disette, affecte gravement les masses populaires (1571). Le salaire et le niveau de vie demeurent très bas, et de véritables restrictions alimentaires s'instaurent.

Il ne faut pourtant pas noircir à l'excès le tableau. Rien n'est comparable, au cours de cette pénible époque, à l'effroyable saignée du XIVe siècle. Il y a stagnation, certes, mais non vraiment déclin. Certaines villes, bien abritées derrière leurs remparts, bien pourvues d'argent, semblent même assez prospères : tel est le cas de Montpellier, si brillante en 1595, au dire de Thomas Platter, et où la population a continué à augmenter, par suite de l'afflux des réfugiés protestants. Et, de toute façon, la vitalité de la province n'est pas atteinte : dès la trêve finale, dès 1596, la reprise est rapide, générale, vigoureuse.

III. — Croissance économique et crises politiques

1. L'après-guerre et la reprise. — Comme après toute grande guerre, la reconstruction, dans les années 1600, stimule les investissements. Les notaires enregistrent d'innombrables « prix-faits » de maisons et de remparts. On construit des fours à chaux et tuileries pour répondre à la forte demande des industries du bâtiment. De nouvelles églises s'édifient pour remplacer les sanctuaires détruits par les huguenots. Mais par delà cette conjoncture occasionnelle, on note jusque vers 1650-1660 une tendance généralement favorable au développement économique et démographique. Les prix dans la longue durée sont en hausse lente, sans inflation dangereuse. Les revenus des propriétaires augmentent eux-mêmes beaucoup plus que les prix, et cette rente foncière en expansion incite à investir davantage. La vigne s'implante sur les garrigues. Hollandais et Provençaux viennent dessécher les étangs narbonnais. En Agde, les Génois, plus actifs que jamais malgré les corsaires barbaresques, enlèvent les vins de la vallée d'Hérault. Dans le Haut-Languedoc, les plantes américaines (haricot, maïs) se répandent très largement dès 1640. La luzerne *(auzerda)* en culture jardinée gagne dans le Narbonnais et le Comtat ; dans toute la province, mais surtout dans les Cévennes, le mûrier, encouragé par Henri IV et Laffemas, conquiert de vastes étendues. Il fait la fortune d'Olivier de Serres et de l'archéologue-pépiniériste nîmois Traucat : tous deux, largement aidés par les subventions officielles, répandent des millions de plants dans le Sud-Est, et, avec moins de succès, dans toute la France.

Un essor démographique modéré accompagne l'expansion agricole. Vers 1675, la population rurale atteint un niveau maximum, qu'elle ne retrouvera sans doute qu'à la fin du XVIIIe siècle, voire même plus tard.

Un grand marché s'ouvre ainsi à l'industrie régionale, dont le dynamisme est remarquable. Les ressources minérales sont prospectées vers 1620 par la pittoresque baronne de Beausoleil. Dans le bassin d'Alès, de vastes syndicats de propriétaires et d'exploitants de houillères amorcent dès 1590-1600 une certaine concentration capitaliste. Pour alimenter les verreries innombrables des Cévennes, du Velay, du Gévaudan et de l'Albigeois, on achève de ruiner les dernières forêts, et l'on fait venir du littoral la soude contenue dans les cendres du *salicor*.

L'industrie textile reste fondamentale. A Carcassonne, on continue de travailler la draperie fine, exportée *via* Marseille vers le Levant. Au pied des monts, les petites villes, Mazamet, Bédarieux, Lodève, Clermont, Anduze produisent des draps plus grossiers. Enfin, des hautes terres du Gévaudan partent les *serges* et les *cadis* dont l'extrême bon marché, dû au prix infime de la main-d'œuvre, force le marché suisse, italien et allemand ; leur commerce est entre les mains des riches négociants protestants de Nîmes.

Nîmes et Montpellier s'ouvrent aux industries nouvelles, étoffes de soie et tissage du coton. A Montpellier, en 1593, apparaissent simultanément l'industrie du velours et celle des étoffes de coton ou futaines, blanches, rayées et mouchetées, dont cette ville gardera jusqu'en 1660 le monopole dans la province. En revanche, la concurrence auvergnate et bretonne paralyse le développement d'une industrie locale de la toile : on n'en tisse beaucoup qu'en Albigeois, pays du chanvre, mais elle est fort rugueuse.

Parfumerie, chimie et pharmacie sont concentrées à Montpellier, où les femmes de toute condition préparent le *verdet* (vert-de-gris). Enfin les abords des villes sont infectés de nombreuses tanneries, qui préparent les peaux importées du Levant et de Barbarie.

Si le Languedoc — et plus spécialement l'Est et les Cévennes — se présente ainsi comme une région d'industries très actives, il faut souligner l'archaïsme, le caractère précapitaliste d'un grand nombre de ces productions. La dispersion en petits ateliers reste la règle quasi universelle, malgré une certaine concentration du capital commercial. Beaucoup de mines et de forges sont données en métayage par le propriétaire à l'exploitant. Enfin dans les villes — sauf à Nîmes, bastion d'une économie plus libérale — le régime corporatif atteint son apogée au XVIIe siècle.

Un autre point noir de cette économie, c'est l'endettement : malgré une légère hausse des prix, la monnaie de compte (la livre tournois) se dévalue bien moins (par rapport au blé par exemple) qu'au XVIe siècle — ou qu'au XXe. Une dette contractée en 1600, et non remboursée par la suite, écrase encore de tout son poids les descendants du débiteur imprudent, et peut même faire saisir leurs biens — après trois générations ! — s'ils négligent d'en servir les intérêts. Imaginerait-on aujourd'hui qu'un propriétaire soit saisi en raison des dettes et des frasques d'un arrière-grand-père ? C'est pourtant ce qui se produit au XVIIe siècle et cela explique la gêne des paysans, et aussi des communautés villageoises.

Au total, il ne semble pas qu'il y ait vraie croissance agricole, mais simplement récupération, vers 1650, du niveau « d'avant guerre », déjà atteint par la production vers 1560. Cette « récupération » cependant favorise l'épanouissement de la richesse, du luxe et de l'art. L'architecture urbaine, stimulée par les commandes des nobles et surtout des financiers, produit de véritables chefs-d'œuvre. A Montpellier, dans les hôtels contemporains d'Henri IV et de Louis XIII, les influences attardées de la Renaissance, au charme provincial et désuet (hôtel de Mirman), coexistent avec un style imité du baroque italien (hôtel de Manse). C'est aussi l'âge d'or de la peinture toulousaine qui commence : entre 1610 et 1650, des artistes venus du Nord, Jean Chalette, Nicolas Tournier, Ambroise Frédeau, pratiquent un art réaliste, tout pénétré d'influences caravagistes (*Le Christ porté au tombeau*, de Tournier). Le protestant Sébastien Bourdon, de Montpellier, peint surtout en Suède et à Paris. Une certaine influence baroque est sensible dans le théâtre en langue d'oc, d'une gaillardise aristophanesque qui donne ses meilleures œuvres à Béziers à partir de 1630. Le jeune Molière, de passage dans la province, y a-t-il puisé certains éléments d'inspiration ?

La vie intellectuelle demeure fortement contrastée. En 1618, le Parlement de Toulouse brûle pour impiété le philosophe Vanini. Mais en 1631, ce même Parlement voit entrer dans ses rangs Pierre de Fermat, magistrat et mathématicien, l'un des fondateurs du calcul des probabilités.

2. **Rohan et Montmorency.** — Les chroniqueurs languedociens du XVIIe siècle sont peu sensibles au relatif épanouissement économique et culturel du pays. Plus que les lumières, ils voient les ombres ; et ils décrivent avec minutie les troubles graves qui agitent périodiquement la province.

Il s'agit d'abord de troubles religieux. Entre les deux Eglises, il y a depuis 1598 coexistence, mais non tolérance sincère. En 1609-1612, les bandes lamentables des Morisques expulsés d'Espagne traversent la région, et bien des catholiques rêvent de faire subir le même sort aux religionnaires. Dans le camp adverse, les dispositions ne sont pas meilleures. A Privas, en 1619, on n'a pu dire la messe depuis 1560. Et quand la seigneuresse de cette ville contracte un mariage catholique, en 1620, ses sujets indignés se soulèvent. Leur révolte, en quelques mois, embrase tout le Languedoc : c'est à nouveau la guerre civile (1621-1629).

Les révoltés mettent à leur tête un grand seigneur, Henri de Rohan, gendre de Sully. Remarquable stratège, il mène une guerre d'embuscades, lève armée sur armée dans les Cévennes, et courant de la Guyenne au Languedoc tient tête à la fois aux troupes de Montmorency et à celles de Condé. Religionnaire fanatique, il frappe durement dans son propre camp les conciliateurs, partisans de Châtillon, qui veut traiter avec le roi. Il aime à parader au milieu des ministres, faisant porter l'Evangile devant lui, et il déclare tout net qu'il ne se rendra pas et qu'il n'acceptera qu'une paix générale. Mais les moyens du parti ne sont pas à la hauteur des ambitions du chef. Les protestants du Midi sont bien seuls. En 1622, leur grande place, Montpellier, est prise par Louis XIII après un long siège. Bien qu'ils demeurent inexpugnables dans leurs montagnes, les soldats de Rohan ne peuvent prétendre emporter la décision. En 1629, leur général, cédant aux supplications de ses partisans, accepte de signer la paix. De par la grâce d'Alès (1629), octroyée par Louis XIII, la liberté de culte est sauvegardée, mais l'Eglise calviniste perd ses places de sûreté.

A partir de 1629, et jusqu'à la Révocation, cette Eglise décline lentement. Dans les villes et les bourgs du bas-pays (Montpellier, Montagnac, etc.), des conversions nombreuses et souvent intéressées éclaircissent les rangs des religionnaires, en particulier dans la noblesse de robe, qui à ce prix conserve ses offices. Là les fils n'ont pas la constance des pères, et l'Eglise romaine regagne une partie du terrain perdu au XVIe siècle. La contre-offensive catholique n'épargne même pas le bastion cévenol où pourtant la R.P.R. (religion prétendue réformée) fait bloc et résiste efficacement. Le jésuite François Régis (1597-1640), originaire des Corbières, prêche dans les pauvres villages du Vivarais et du Velay. Les montagnards admirent sa piété, son courage, sa diplomatie qui lui fait sauver, à force de démarches auprès du pouvoir, l'industrie dentellière du Puy, sa prestance enfin : il mesure six pieds de haut, taille extraordinaire pour l'époque. Les conversions affluent, et des traînées de villages catholiques marquent encore aujourd'hui sur la carte les pérégrinations victorieuses de saint François Régis dans la montagne.

La crise religieuse (1621-1629) est suivie d'une crise politique et sociale (1629-1632). Richelieu en effet veut profiter de la présence de l'armée royale dans la province pour abaisser les Etats de Languedoc et réaliser son programme de centralisation financière et d'accroissement des impôts. En 1629, il

enlève aux Etats et aux assiettes diocésaines la répartition et la levée des tailles et il en investit des officiers — les trésoriers de France et les élus —, indépendants des assemblées locales. Il heurte ainsi gravement les intérêts de ces « gens de main-forte » (seigneurs, abbés, magistrats, riches bourgeois) qui, bien représentés aux Etats, pleins d'opulence et d'insolence, entendent répartir l'impôt à leur guise, s'y soustraire le plus possible, eux, leurs fermiers et leurs « vassaux », et braver impunément, des murailles de leur château, les sergents et les huissiers que le fisc dépêche en vain contre eux. Or, cette oligarchie provinciale, soutenue par les Cours souveraines, peut aussi s'appuyer sur un formidable mécontentement populaire. Une peste extrêmement grave (1628-1629), une famine (1631), la hausse vertigineuse du sel, des impôts et des tarifs douaniers depuis 1628-1629, tout cela porte l'irritation des masses à son comble. Les intrigues florentines de Marie de Médicis jouent habilement de toutes ces forces virtuellement coalisées contre la fiscalité royale et le ministère. Par Alphonse d'Elbène, Italien, évêque d'Albi, par la duchesse de Montmorency, Marie-Félice des Ursins, sa nièce à la mode de Bretagne, la reine-mère détermine Montmorency, gouverneur du Languedoc, à prendre fait et cause pour Gaston d'Orléans. Montmorency et d'Elbène s'assurent, en juillet 1632, de l'appui des Etats, très hostiles à Richelieu. De nombreuses villes épiscopales rejoignent leur parti. Mais les protestants, qui n'aiment pas les Etats, trop bons catholiques à leur gré, restent fidèles au roi. Toulouse et le Haut-Languedoc demeurent eux aussi loyalistes. Leur défection prive le mouvement de toute chance de succès. La révolte n'est plus qu'une équipée, et les troupes de Montmorency, à peine renforcées de cinq cents « Polaques » venus en Languedoc à la suite de Gaston, sont complètement battues à Castelnaudary (1er septembre 1632), par l'armée royale que commande Schomberg. Le duc lui-même, au cours d'épisodes chevaleresques, cherche en vain la mort dans le combat. Dix-sept fois blessé, fait prisonnier, il est incarcéré à Toulouse dans une chambre grillée, et ses gardes lui servent « la viande toute hachée, sans couteau ni fourchette ». Richelieu veut sa tête, pour l'exemple. Le Parlement de Toulouse la lui donne, non sans larmes. En même temps que Montmorency est décapité (30 octobre 1632), les remparts des villes des Cévennes, du Vivarais et du pays de Foix sont abattus, et cent châteaux rebelles sont rasés.

L'édit de Béziers (1632) châtie les Etats. Il leur ôte pratiquement le droit de discuter l'impôt, tandis que simultanément la charge fiscale est doublée. Sur un point pourtant, la révolte obtient gain de cause : les élus sont supprimés.

L'agitation sociale reprend en 1645. La fiscalité, si pesante depuis les débuts de la guerre espagnole (1635), les hauts prix du blé depuis 1640 attisent le mécontentement populaire, qui s'exerce avant tout contre les fermiers de l'impôt, les « partisans » ou « traitants » scandaleusement enrichis. Ceux-ci, chargés de lever le droit de « joyeux avènement », le font si brutalement qu'une révolte de femmes, dirigées par une maritorne surnommée la Branlaïre, éclate contre eux à Montpellier (juin 1645). Pendant trois jours, l'émeute est maîtresse de la ville. Les notables — consuls, magistrats des aides, ainsi que Schomberg, lieutenant général de la province — sont passifs, voire complices. Ils n'ont guère de troupes à opposer aux insurgés, et comme eux, du reste, ils abhorrent les traitants. Pour calmer le peuple, Schomberg va même jusqu'à expulser ceux-ci de la ville ! Ainsi, contre le fisc et le Mazarin, on voit se former dès 1645 le bloc des masses, des bourgeois et des privilégiés, tel qu'il se manifestera quelques années plus tard dans les Frondes parisiennes.

N'est-ce pas la Fronde parlementaire de Paris qui, en 1649, permet aux Etats et au Parlement de Toulouse, par une action concertée, de faire abroger l'édit de 1632 ? L'assemblée provinciale récupère alors ses pouvoirs financiers. Le pays tire ainsi avantage de la Fronde, sans en supporter les inconvénients. Epargnée par les révolutions, les famines et les guerres, qui font rage en Ile-de-France, la province reste même assez prospère, et son économie témoigne d'un certain essor jusque vers 1675.

Chapitre V

LA GRANDE DÉPRESSION

I. — Colbertisme et récession

1. **La crise.** — L'ambiance économique du dernier quart du XVIIe siècle, en Languedoc, est fort maussade. Après leur apogée des années 1640-1655, les prix des céréales baissent lentement, et ils ne se relèveront de façon durable qu'après 1735. La dépression s'installe. La production du vin tombe la première à partir de 1660; puis celle des grains, après 1680. Les terres les moins fertiles, défrichées au cours de la période précédente, sont abandonnées, notamment dans les garrigues. Beaucoup de communautés, surtout dans les diocèses proches de la montagne (Lodévois, Albigeois), se lamentent à propos de ces terres en « non-valeur », qui ne peuvent plus contribuer aux tailles. Au terme de ce processus (vers 1720), la friche a fait d'immenses progrès. Dans la classe des fermiers et métayers, gros et petits, si entreprenants vers 1620-1640, c'est un vrai désastre. Après 1680, les prisons sont trop petites pour contenir tous ceux d'entre eux qui font faillite, leurs revenus affaiblis n'équilibrant plus des frais et des fermages qui demeurent très lourds. Les petites exploitations marginales cessent d'être rentables. La propriété foncière se concentre, souvent au profit des notables urbains.

Du coup la population rurale de la province plafonne (1675), puis décroît très lentement jusque vers 1740. Née du malaise de l'économie, cette tendance à la dépopulation contribue à son tour à rétrécir le marché. Une période d'atonie s'étend de 1680 à 1717. C'est l'aspect local d'une crise économique générale — européenne, et peut-être mondiale.

2. **Riquet et ses émules.** — Le colbertisme commence bien. Une politique de grands travaux est mise sur pied, avec l'aide des capitalistes du secteur protégé, les gens de gabelle et de finance. Le canal du Midi reste le témoignage de cette importante tentative.

Pierre-Paul Riquet, le traitant bâtisseur, est né à Béziers en 1609. Son père est procureur. Lui-même est fermier des gabelles. Dans une lettre à Colbert, « écrite de son village », il se dépeint comme « un homme de gabelle, n'entendant ni grec ni latin, et sachant à peine parler le français ». Fausse modestie. Ce contemporain de Pierre Corneille avoue ailleurs « sa forte passion de la gloire » qu'accompagne un orgueil démesuré, et parfois ridicule (« j'aurai toujours raison », « je suis le Moyse du Languedoc »). Il joue sa fortune sur une intuition : jusqu'à Riquet, tous ceux qui projetaient un canal « des Deux-Mers » (Méditerranée-Garonne) prétendaient contre l'évidence et la pesanteur faire rétrograder les rivières, et amener jusqu'au seuil de Naurouze la Garonne (projet Bachelier, 1539) ou l'Ariège (projets Reneau, etc., 1600-1653), fût-ce au moyen de norias mues par des manèges à chevaux ! Riquet, propriétaire à Bonrepos, non loin du fameux seuil où divergent les eaux, connaît bien le terrain, et il utilise aussi l'expérience de l'ouvrier Pierre, fils d'un fontainier de Revel.

L'eau nécessaire, il décide de l'emprunter tout simplement au réseau hydrographique local, « à la rivière de Sor », « aux ruisseaux appelés de Lampy et d'Alzau, qui sont sources vives et de durée ». Les puissantes relations de Riquet font aboutir le projet. L'archevêque de Toulouse le recommande à Colbert, et celui-ci plein d'enthousiasme voit déjà les flottes royales éviter Gibraltar, et sillonner les plaines du Lauraguais (1663). Les conclusions favorables de la commission nommée par le roi et les Etats (1665), l'achèvement d'une rigole d'essai sur le tracé du futur canal emportent les derniers scepticismes. L'oligarchie des propriétaires et des gros décimateurs qui tient bien en main les Etats, craint cependant la hausse des salaires et la baisse des prix du blé que provoqueront selon elle la construction, puis l'achèvement du canal. Elle mène contre l'entreprise de Riquet un combat d'arrière-garde, en s'inspirant d'un incroyable précédent. Les Etats n'avaient-ils pas réussi à faire *combler* en 1644 le canal prévu pour l'assèchement des étangs du littoral, de Beaucaire à Aigues-Mortes ? En 1666, Colbert contraint l'Assemblée provinciale à voter sa part des fonds nécessaires.

Les travaux peuvent commencer. Devant six mille ouvriers, au son des tambours et des salves d'artillerie, la première pierre est posée à Toulouse. Bientôt douze mille travailleurs, divisés en brigades, sont employés sur les chantiers ; la mortalité y est intense. Riquet partage son temps entre sa passion, le canal, et son métier, la gabelle. Il n'hésite pas à faire brûler les villages des Miquelets en Vallespir, pour les contraindre à lui acheter du sel. C'est qu'il a diablement besoin d'argent. Les Etats sont plus que jamais réticents à lui fournir leur part et leur crédit, car le numéraire manque dans la province, et la misère y provoque des révoltes comme celle des habitants du Vivarais, « tas de misérables réduits à la faim » (1670). En 1680, Riquet meurt, au bord de la faillite. Il doit deux millions. Sa fille, faute de dot, diffère son mariage. Mais le canal est presque achevé. En 1681, l'intendant d'Aguesseau l'inaugure, de Toulouse à la Méditerranée. L'ouvrage a coûté quatorze millions dont sept fournis par le roi, cinq par la province, deux par l'entrepreneur. Les héritiers de celui-ci en tireront une fortune et feront souche de grands seigneurs. Quant à l'ouvrage lui-même, il est cyclopéen, si l'on veut bien songer à la formidable quantité de déblais évacués à l'aide de pelles, de paniers, de brouettes et de charrettes.

Le canal exige un débouché maritime : le 29 juillet 1666, la première pierre du port de Sète est posée. En 1669, Riquet prend en main ce nouveau chantier, complémentaire de celui du canal. En 1673, le môle Saint-Louis est achevé. Un phare est construit, une bourgade naît, peuplée de Cévenols, de Catalans, de Génois, de Pisans. Dès 1671, les navires génois viennent charger du vin, et un cabotage actif unit le nouveau port à l'Italie, à l'Espagne, à la Provence. Mais le Levant lui est fermé en vertu du privilège marseillais, et les trafics sétois ne touchent guère l'Atlantique, jusqu'à la fin du XVIIe siècle (L. Dermigny).

Colbert encourage aussi l'industrie traditionnelle de la draperie. Des manufactures royales, où pour la première fois métiers et travailleurs sont concentrés, au moins pour une partie d'entre eux, dans de vastes fabriques, sont fondées près de Carcassonne et à Villenouvette près de Clermont (1670-1677). Et d'autre part, les Etats accordent une subvention, la *pistole par pièce*, aux draps produits dans la province en vue de l'exportation au Levant. Dans les années 1690, cette politique semble couronnée de succès, et les négociants anglais et hollandais s'inquiètent de la concurrence dangereuse des Languedociens dans les ports de l'empire turc. Le déficit de la balance commerciale française, l'hémorragie traditionnelle des métaux précieux vers l'Orient s'en trouvent diminués.

La politique mercantiliste présente encore dans cette région quelques traits remarquables. Le premier, c'est l'orientation nettement religieuse des investissements publics. Est-ce pour complaire aux vingt-deux évêques qui siègent aux Etats de Languedoc ? En tout cas, toutes les grandes créations de Colbert sont faites en pays catholique, qu'il s'agisse de port, de canal, de draperie, ou des manufactures toulousaines de poudre et de tabac. Les Cévennes protestantes, si bien vues du temps d'Henri IV et de Laffemas, sont maintenant négligées dans la distribution des faveurs officielles. Le second trait remarquable, c'est l'importance des capitaux privés du secteur fiscal. Un Reich de Pennautier, trésorier de la Bourse des Etats de Languedoc qui fait fortune en avançant à court terme à l'assemblée provinciale, moyennant intérêt, le montant annuel des tailles, un André Pouget, magistrat, « gabeleur », munitionnaire et manufacturier, souscrivent des participations, de gré ou de force, aux grandes entreprises industrielles. Colbert, en effet, n'hésite pas à les y contraindre. Il lui faut bien prendre l'argent où il se trouve, et faire jaillir le capitalisme industriel du capitalisme fiscal, le seul qui soit suffisamment développé dans la région, en cette période « d'accumulation primitive » du capital. N'est-ce pas ainsi, déjà, qu'agissait Jacques Cœur, menant de front la gabelle et la draperie ?

Le bilan de cette grande politique demeure néanmoins assez modeste. Certes, vers 1700, dans les exportations de la province, les produits textiles viennent en tête (3 500 000 livres environ), avant les produits agricoles d'origine végétale (vins, eaux-de-vie, grains, huiles : 3 000 000 de livres). Mais si l'on regarde de plus près le poste « textiles », on s'aperçoit que les soieries, de fabrication cévenole et nîmoise, donc « protestante », occupent la première place et surclassent nettement, malgré les efforts de Colbert et des Etats, la vieille industrie drapière des pays catholiques. Colbertisme et mercantilisme n'ont pu ni prévenir la conjoncture de crise, ni bouleverser la géographie industrielle.

II. — L'intendant et les Camisards

1. **L'Intendance.** — En matière de centralisation politique, l'action du pouvoir est extrêmement dure. La disparition des Joyeuse (1587-1599) et de Montmorency (1632) marque le déclin des grandes dynasties seigneuriales qui, si longtemps, gouvernèrent le Languedoc en pachas presque indépendants. Les gouverneurs cependant conservent d'importants pouvoirs. Mais la prépondérance administrative et politique appartient désormais à d'obscurs bourgeois, dont les familles entrent dans la noblesse de robe : les intendants. Ainsi, en 1633, Robert Miron et Antoine Lecamus sont intendants de justice, police et finances, et commissaires du roi près des Etats. Les notables du pays détestent ces agents trop dociles du pouvoir, et, en 1651, le Parlement de Toulouse, dans un esprit de Fronde, interdit, bien en vain, l'exercice de cette charge, « odieuse à tout le royaume ». Après 1653, l'intendant Bazins de Bezons, seul en titre, conserve vingt ans ses fonctions. Catholicisme et fiscalité sont ses deux grandes préoccupations : il combat la R.P.R., marchande avec les Etats l'imposition annuelle, cherche sans cesse de l'argent pour construire le canal ou loger les troupes de passage.

Henri d'Aguesseau lui succède en 1673. Lui aussi loge les troupes, subventionne les manufactures, vérifie les dettes des communautés, enferme les pauvres dans les hôpitaux généraux — car le pays, frappé par la crise, grouille de mendiants. Il est trop modéré envers les protestants, et en 1685, Nicolas de Lamoignon de Basville le remplace. C'est le fils d'un magistrat, qui s'est illustré dans la cabale des dévots, si acharnée contre Molière et le *Tartuffe*. Il passe pour un « beau génie » (Saint-Simon), mais « rusé, artificieux, implacable ». Son administration — son « règne » — dure trente-trois ans (1685-1718). Avec lui, l'Intendance de Languedoc devient dans le royaume une force politique de première importance.

Elle n'est pourtant pas la seule dans la province, et son action se compose avec celle des organismes traditionnels

(Etats, cours souveraines, gouvernement militaire), qui ne sont nullement réduits à l'état de fantômes ou de fantoches. Bien au contraire, leurs attributions tendront à s'accroître au XVIIIe siècle, au fur et à mesure que s'élargira le champ d'action des pouvoirs publics. Le gouverneur militaire demeure responsable du maintien de l'ordre. Les Etats, aux conceptions jusque-là si étroites, deviennent attentifs à partir de 1671 aux problèmes économiques. Ils subventionnent les plantations de mûriers et les manufactures. Ils construisent à leurs frais le canal de Sète au Rhône. Chaque année, quatorze millions passent dans leurs caisses au titre des impôts. Ils deviennent de ce fait l'une des grandes puissances financières du Midi de la France, une« vraie banque régionale», qui appuie de son crédit celui du roi. Quant au Parlement de Toulouse, on le voit s'intéresser au début du XVIIIe siècle à la lutte contre les épizooties, aux règlements sur la vaine pâture... Même au temps de Basville, l'Intendance domine, elle n'élimine pas les institutions antérieures.

2. **Révocation et Camisards.** — C'est que, malgré leurs rivalités, les différents pouvoirs provinciaux sont liés entre eux, de 1660 à 1710, par une haine commune, celle qu'ils vouent au protestantisme. De cette complicité dans l'exécration, les mesures discriminatoires contre les « P.R. » (Prétendus Réformés), si nombreuses entre 1660 et 1685, fournissent un exemple très net. Elles ne sont pas imposées d'en haut par Versailles. Elles sont en général réclamées à cor et à cri par les évêques languedociens eux-mêmes. Quand le roi, cédant à leur pression, les a promulguées, l'intendant les exécute, les cours souveraines et les municipalités veillent à leur bonne application. Cette division du travail découle d'un accord total sur les buts poursuivis. Le bloc catholique est alors sans fissure, et, peu à peu, les P.R. sont parqués dans une sorte de ghetto juridique. Leurs temples, leurs hôpitaux, leurs écoles sont détruits. A partir de 1664, ils sont dépouillés de leurs droits civiques, puisqu'ils n'ont plus accès aux Etats, aux assiettes diocésaines, aux municipalités. Forts d'un arrêt de cette même année 1664, les artisans catholiques s'arrangent aussi pour éliminer leurs confrères protestants des corporations. Les potiers d'étain de Montpellier, entre autres, pensent ainsi satisfaire leur conscience... et diminuer la concurrence, attendu que par le temps qui court, il n'y a pas intérêt à « augmenter encore le nombre des boutiques ». Beaucoup de P.R., ainsi privés de leur gagne-pain, se décident alors à chercher du travail à l'étranger. C'est la première phase de l'émigration languedocienne (1669). En 1685, quand d'Aguesseau, inquiet

de l'ampleur des persécutions, se retire, on assiste à la foudroyante arrivée du nouvel intendant, Basville, « le missionnaire irrésistible ». Sur son sillage, des dizaines de milliers d'hérétiques, terrorisés par la menace des dragonnades, se convertissent. Par délibération, Castres, Montpellier, Nîmes, Uzès, Alès, Anduze « renoncent à l'hérésie de Calvin, et embrassent tous les dogmes de la religion catholique, apostolique et romaine ». D'Aguesseau recensait 182 000 P.R. dans la province. Basville, qui est un « glorieux », bien de son siècle, dénombre bravement 250 000 N.C. (nouveaux convertis), qui sont redevables à son action de leur amendement spirituel. Les régiments, convoqués pour évangéliser le pays, et auxquels tous les sévices sont permis, excepté le meurtre et le viol (encore ne s'en abstiennent-ils pas toujours), ne trouvent plus personne à convertir. « Je ne sais plus que faire des troupes... les lieux où je les destinois se convertissent si vite », écrit Noailles, gouverneur du Languedoc, qui parle aussi de sa « partie de chasse », de sa « course de montagne » dans les Cévennes. Mais si les timides abjurent, les plus déterminés s'exilent, en Suisse surtout, notamment à Genève et à Lausanne, où l'on trouve en 1685 les groupes d'émigrés languedociens les plus nombreux, mais aussi en Angleterre, en Hollande et même au Danemark. Huit jours après la Révocation de l'Edit de Nantes (14 octobre 1685), Frédéric-Guillaume ouvre le Brandebourg aux huguenots. Son appel est entendu, et des familles cévenoles s'installent en Prusse, fondant de nouveaux villages, bâtissant des manufactures.

En milieu protestant, les comportements, après 1685, varient beaucoup selon le niveau social. La bourgeoisie urbaine et la noblesse, dans leur majorité, font preuve de résignation. Les artisans, que rien n'attache au sol, choisissent volontiers d'émigrer. Quant aux paysans, surtout aux montagnards, ils s'orientent assez tôt vers la révolte. Dès 1689, François Astier et d'autres prophètes se lèvent, ayant reçu l'inspiration divine, dans les plateaux du Haut-Vivarais. Jurieu, de Hollande, n'a-t-il pas annoncé la délivrance de l'Eglise, pour 1689, précisément. Des prédicants prennent le maquis. François Vivent tient la campagne en Gévaudan de 1689 à 1692, année au cours de laquelle il est abattu dans une grotte. Claude Brousson, avocat de Nîmes, prêche sur le Lirou devant 1 300 personnes, puis se rend à Berlin où il contribue à fomenter la Ligue d'Augsbourg. Revenu en France, il est pris dans le Béarn, torturé, exécuté à Montpellier en 1697.

Le prophétisme cévenol, qui se déchaîne vers 1700, est une réaction passionnelle de la jeune génération huguenote, soi-disant nouvelle catholique. Les jeunes protestants, ceux qui avaient cinq ans à la Révocation, sont bouleversés lorsque, parvenus à l'adolescence, ils apprennent l'apostasie collective de 1685, le reniement général de leurs parents. Jacques Claude, Marie la Boiteuse, François Brès, Daniel Raoux, petits paysans illettrés, refusent toute compromission. Secoués de convulsions, possédés par l'Esprit saint, ils pleurent le sang, exhortent les N.C. au repentir, redécouvrent la valeur de l'Ecriture, dénoncent l'Eglise romaine « plus venimeuse que le basilic ». Le mouvement qui les pousse est du reste spécifiquement biblique et protestant. On n'en trouvera guère d'équivalent plus tard, dans la France catholique ou libre-penseuse. Il faut plutôt le comparer aux *revivals* anglo-saxons, ces accès de ferveur et parfois de frénésie religieuse qui secouent périodiquement les Eglises d'Angleterre et d'Amérique du Nord.

Mais Basville, lui, ne prend pas au sérieux les convulsions des enfants-prophètes. Il n'y voit qu'une astucieuse machination des prédicants. Et il espère prévenir toute rébellion en perçant dans les Cévennes vingt-deux chemins royaux, quadrillés de voies secondaires. Les canons et les charrettes peuvent désormais entrer dans ces montagnes, qui jusque-là n'étaient accessibles qu'aux mulets. Maintien de l'ordre et progrès du commerce, telles sont, pense l'intendant, les deux conséquences de cette opération. Et il nomme un « surveillant des chemins » qui se trouve être en même temps « inspecteur des missions » : c'est François du Cheyla, ancien missionnaire au Siam, prêtre désintéressé, mais fanatique, qui ne dédaigne pas d'administrer de sa main les étrivières à ses ouailles récalcitrantes.

En 1702, du Cheyla est assassiné par Abraham Mazel. La guerre des *Camisards* (1) commence. Des chefs populaires prennent la tête des montagnards calvinistes. Parmi eux, Gédéon Laporte, artisan, ex-soldat, son neveu René, châtreur de moutons, Jean Cavalier, garçon boulanger d'Anduze, qui révèle de grands talents d'orateur et de stratège. Leurs hommes exercent d'abord des représailles sanglantes contre certains ecclésiastiques et

(1) Ainsi nommés à cause du vêtement, sorte de chemise, que les Cévenols d'alors portent par-dessus leurs habits.

contre ceux qu'ils tiennent pour des mouchards : ainsi Etienne Jourdan, qui a tué François Vivent, est massacré à son tour. L'insurrection est cruelle, comme la répression qui l'a provoquée. « Ils agirent en bêtes féroces, mais on leur avait enlevé leurs femelles et leurs petits. Ils déchirèrent les chasseurs qui couraient après eux » (Voltaire). Les Camisards font la guerre de partisans ; ils refusent souvent la bataille rangée. « Quand on les serre de trop près, ils lâchent le fusil, et prennent la faucille. » Ils pratiquent de préférence l'embuscade, puis se débandent comme des étourneaux, et courent se cacher dans les mas et dans les grottes. Les villages sont complices. « Si les paysans font quatre pains, ils en donnent deux aux Camisards. » Des femmes illettrées collectent l'argent, suivent les troupes. Certaines sont prophétesses. Les chefs eux-mêmes ont des dons surnaturels : Mazel a des visions, Claris marche dans les flammes. Il arrive que des brigands se glissent parmi les insurgés, ou passent d'un camp à l'autre, selon la fortune du moment. Pour toutes ces raisons, les graves pasteurs réfugiés à Genève, les bourgeois protestants de Nîmes et de Montpellier n'aiment pas « les fanatiques des Cévennes ». Ils observent une prudente neutralité.

Basville est très inquiet. La crise économique, si forte depuis 1693, le mécontentement social contribuent pour une part au malaise et à la révolte, aussi bien dans les Cévennes qu'au-delà des frontières, dans la Catalogne voisine qui engage elle aussi, en ces années, la lutte armée (contre ses maîtres de Madrid). En 1703, la capitation « rentre mal et non sans murmure », et l'on craint un refus général de l'impôt, y compris chez les anciens catholiques. Aussi bien, militairement, la situation n'est-elle pas brillante : le maréchal de Broglie, beau-frère de Basville, est battu par Cavalier au val de Bane (1703). Les ecclésiastiques abandonnent en grand nombre les Cévennes, où leur vie n'est plus en sûreté, pour se réfugier à Nîmes. Broglie, à la tête des troupes royales, est remplacé par Montrevel, partisan de la manière forte. Quatre-vingts personnes sont brûlées vives dans le moulin de l'Agau, où elles célébraient un culte clandestin (1er avril 1703). « Exemple nécessaire » (Fléchier). C'est le moment choisi par les Camisards pour s'aboucher avec l'Angleterre : « Nous sommes Français de naissance, mais notre patrie nous ayant déclaré la guerre, nous ne pouvons plus la regarder que comme notre ennemie » (1703).

Basville décide alors la dévastation des Cévennes protestantes et le transfert de leur population vers le bas-pays. Le 14 octobre 1703, le roi autorise « le grand brûlement », « la Saint-Barthélemy des maisons » (Michelet). C'est une rude tâche, qui déplaît aux soldats, car l'incendie ne suffit pas, et il faut faire donner le pic, la plupart des mas étant solidement voûtés.

Basville tente aussi de recourir à la contre-guerilla : des partisans catholiques, les Cadets de la Croix, opèrent sous la direction de frère Gabriel, ermite de son état. Cependant, en mars 1704, Montrevel est battu par Cavalier, au moulin de Portal. Il tombe en disgrâce, et Villars le remplace. Le nouveau commandant en chef est favorable aux voies de douceur, et il rallie à ses vues Basville, ainsi que Fléchier, l'évêque de Nîmes. Un noble huguenot, d'Aygaliers, est chargé d'amorcer des négociations entre les deux camps. Cavalier lui-même, après sa défaite de Nages (1704), est disposé aux concessions. Il est flatté « à l'idée que le roi-soleil va discuter avec un garçon boulanger » (Voltaire). En 1704, il accepte un armistice, et sollicite son pardon de la Cour. Villars le caresse, à force de dîners, de promesses, de flatteries. Mais Rolland, l'autre chef camisard, refuse une telle paix, qualifiée par lui de capitulation, et ses hommes abandonnent Cavalier aux cris de « l'Edit de Nantes ou la mort ». Ces divisions intestines des rebelles font la partie belle à Villars. Rolland est tué en 1704, et les dernières bandes se rendent en 1705. Quant à Cavalier, berné, déçu, il est passé en Suisse dès 1704. Les années suivantes encore, quelques conspirations se terminent par l'envoi de longues chaînes de galériens vers le bagne de Marseille, « cette grande machine à gourdins et à bâtons ». En 1709, Abraham Mazel, évadé de la tour de Constance, soulève le Vivarais. Il est trahi et tué le 14 octobre 1710. La guerre est finie. Grâce à elle cependant, les conséquences spirituelles de la Révocation sont effacées, la renaissance clandestine et pacifique du protestantisme est assurée. Et dans la lutte, le groupe des réformés cévenols achève de prendre la physionomie éthique et politique qu'il conserve jusqu'à aujourd'hui : moralisme rigide, résistance au pouvoir, à l'arbitraire, à la persécution, défense des libertés individuelles, tels sont quelques aspects d'une mentalité nettement caractérisée (A. Siegfried).

Chapitre VI

LES CROISSANCES

I. — La croissance du XVIIIe siècle

1. Mutation démographique et progrès agricole. — Rien de plus stable en apparence que le Languedoc du XVIIIe siècle. Les guerres civiles sont terminées. Les institutions traditionnelles (Etats, Parlement) persévèrent dans leur être, et tentent, souvent avec succès, d'élargir le domaine de leurs compétences. Les intendants, désormais porteurs d'une tradition, restent longtemps en charge, et, à deux reprises, se succèdent de père en fils : Bernage père et fils (1718-1725 et 1725-1743), Le Nain (1743-1750), Saint-Priest père et fils (1750-1786), Ballainvilliers enfin incarnent avec faste et compétence la continuité de l'administration monarchique.

Pourtant, dans ce cadre presque immobile une triple expansion s'accomplit, à partir de 1720. Evoquons d'abord la révolution silencieuse de la démographie : jusqu'aux années 1740, on note une persistance de la situation malsaine de la fin du XVIIe siècle. La population rurale, toujours largement majoritaire, stagne ou même baisse ; bien souvent, les décès l'emportent sur les naissances. Doit-on imputer ce déficit à une mortalité trop forte, à une nuptialité trop faible, voire même à l'émigration ? De toute façon, ce qui est en cause, par delà les mortalités violentes comme celle de 1709-1710, c'est la misère chronique, conséquence du marasme économique. Sur la côte paludéenne, d'Aiguesmortes à Collioure, les conditions locales aggravent encore cette conjoncture générale. Les étés chauds, les eaux polluées (par défaut de bonnes sources) y provoquent de véritables hécatombes de petits enfants. Et les adultes eux-mêmes (les *ventres bleus*, au corps dévoré par la fièvre) n'y font pas de vieux os.

Tout change vers la moitié du siècle. Dans les registres paroissiaux, et, à partir de 1770, dans les tableaux statistiques de l'Intendance, soigneusement tenus à jour grâce aux rapports annuels envoyés par les curés, seuls officiers d'état civil, on note désormais chaque année de substantiels excédents de baptêmes sur les sépultures. A la veille de la Révolution, le Languedoc figure parmi les provinces françaises à fort accroissement démographique.

De la même façon, la crise agricole, née au milieu du XVIIe siècle, ne se résorbe vraiment qu'au milieu du XVIIIe siècle. En janvier 1709 encore, quinze jours de gel rigoureux, survenant après de fortes pluies, détruisent l'oliveraie languedocienne, de la vallée du Rhône au seuil de Naurouze. Les propriétaires, surtout dans les diocèses de l'ouest (Narbonne, Carcassonne), préfèrent arracher les arbres, considérés comme peu rentables, plutôt que de les régénérer — ce qu'ils auraient pu faire théoriquement. En contrepartie de ce désastre, et de celui de 1693-1694, tout à fait comparable, a-t-on vraiment planté beaucoup de vignes, au cours des années 1690-1720 ? Les « plantiers », en réalité, sont bien moins importants que ne le prétend Basville, dont les vantardises, sur ce point comme sur tant d'autres, ne résistent pas à l'examen objectif des documents (dîmes, compoix). Il est vrai pourtant qu'au début du XVIIIe siècle les viticulteurs réagissent avec intelligence à la crise, et qu'ils tentent diverses reconversions, tout en restant fidèles à la vigne. Par exemple, ils brûlent leurs vins pour en faire de l'eau-de-vie, très demandée sur les marchés européens du Nord. Ou bien ils améliorent la qualité de leurs produits par la pratique systématique des vendanges tardives, voire même de la « pourriture noble ». La mévente reste pourtant chronique, et, en 1730, un édit royal interdit toute plantation nouvelle.

Or à partir de 1750 ces défenses légales tombent en désuétude. La vigne envahit de nouveau les terres pauvres et même les sols profonds de la plaine, que l'économie vivrière réservait jusqu'ici aux céréales. Cette fièvre de plantations culmine dans les années 1760-1770. Le stock des cépages lui-même est renouvelé par l'introduction massive des plants espagnols. La vigne n'est pas seule en cause. Partout, ces années-là, la friche fait place à la mise en valeur, et la déclaration royale de 1770, relative aux défrichements, ne fait qu'encourager une tendance préexistante.

Cependant la révolution agricole n'a pas ici la même signification que dans les bassins de Paris et de Londres. La sécheresse de l'été limite en effet les progrès, réels pourtant, des plantes fourragères (luzerne, sainfoin) ou des racines (raves). L'élevage lui-même, bien loin de se développer, régresse, car les vignes nouvelles limitent le parcours et la vaine pâture. La pomme de terre, après 1760, ne conquiert que les sols

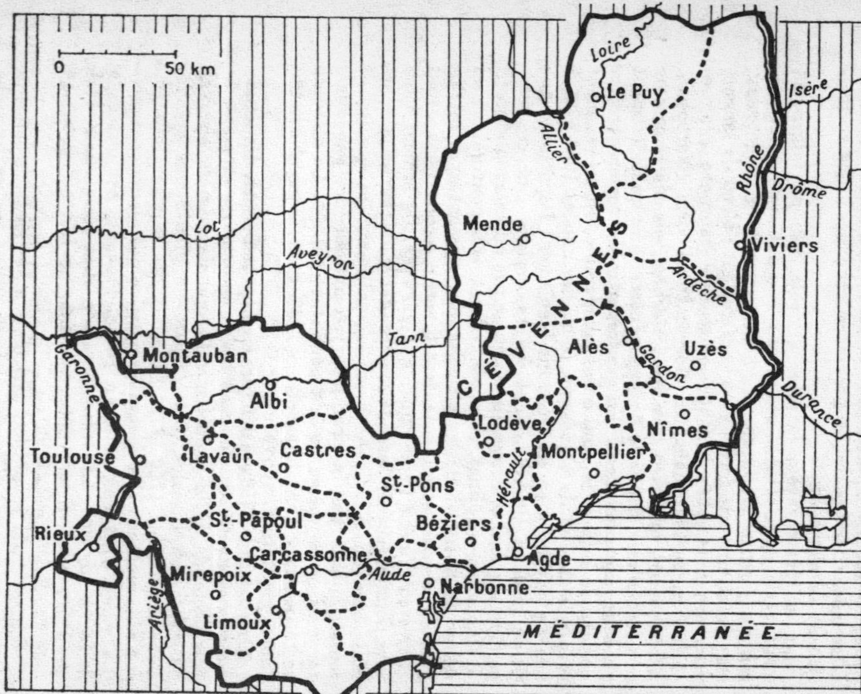

Les diocèses civils du Languedoc, avant 1789

siliceux des montagnes (diocèse d'Albi, Cévennes). Les gens des plaines la consomment peu et la cultivent moins encore. Enfin, les techniques restent routinières.

Ainsi la « prospérité » languedocienne qui frappe tellement Young en 1789 repose sur une base étroite. Elle est liée uniquement à la production végétale, à la culture soignée, par petites exploitations souvent, du maïs, de la vigne, du mûrier, de l'olivier. Elle n'atteint pas à la richesse qu'engendre dans les pays limoneux du Nord la grande culture, conduite par des fermiers capitalistes à la fois éleveurs et agriculteurs. Bien sûr, en Languedoc aussi, après 1750, la bourgeoisie rurale des fermiers et l'aristocratie urbaine des grands propriétaires nobles gagnent toutes deux en fortune et en influence, en raison dc la hausse de leurs revenus, et de l'accroissement de leurs domaines. Mais ces deux groupes sont loin d'égaler la puissance de leurs homologues du Nord, les gros laboureurs et les grands seigneurs du Bassin parisien.

2. **L'expansion industrielle.** — Tout comme l'agriculture, l'industrie bénéficie de l'aisance monétaire consécutive au système de Law (1720), et surtout de l'animation des marchés et de la hausse des prix qui interviennent après 1735-1740. Il est du reste possible que l'expansion industrielle ait précédé l'expansion agricole. Les deux mouvements ne vont pas nécessairement du même pas. Quoi qu'il en soit, la production drapière double entre 1744 et 1763, puis elle décline, à travers une série de crises violentes jusqu'à la Révolution. La soie, elle, fait preuve d'un dynamisme constant après 1740 : la filature en fait d'énormes progrès dans le diocèse d'Alès, et la valeur de ses produits passe de trois millions en 1744 à huit ou neuf millions en 1768. Les tissages nîmois, si éprouvés par la Révocation, connaissent un essor prolongé entre 1749 et 1778. On imite les procédés suisses et anglais, et au lieu de 24 variétés de soieries en 1741, on en fabrique plus de 120 en 1777. Nîmes, à la fin du XVIIIe siècle, est l'une des grandes villes manufacturières de France, et dans sa zone d'influence, entre 1740 et 1768, la fabrication des bas de soie se substitue avantageusement à celle des bas de laine. D'Alès au Vigan et à Ganges, toute la Cévenne travaille à cette nouvelle fabrication. Les 9/10 de la production s'exportent, dit-on, en Espagne, au Portugal, et surtout aux Indes. Le marché intérieur, grâce à la diffusion d'un certain luxe, est également considérable : « Tout le monde, jusqu'aux servantes, veut avoir des bas de soie. »

L'industrie cotonnière, qui déclinait depuis le début du XVIIIe siècle, prend grâce à la filature un remarquable essor après 1735-1740. La filature Gondar, à Aubenas (1735), est sans rivale dans le royaume sauf à Rouen. Et de Montpellier, centre de leurs affaires, Allier et Brun (1744), d'autres fabricants encore, font filer dans toute la montagne, jusqu'aux Cévennes et en Gévaudan. Les paysans en effet abandonnent volontiers le travail de la laine pour celui du coton, fibre plus maniable et moins grasse. Les fabriques, au sens moderne du mot —, qui implique la concentration de nombreux métiers en un même local —, apparaissent à partir de 1778 à Sorèze, Gignac, Toulouse. Au cours de la seconde moitié du XVIIIe siècle, le tissage du coton prend à son tour un grand développement, et la fabrique de mouchoirs de Montpellier conquiert les marchés : « Le grand usage du tabac à priser oblige à avoir dix fois plus de mouchoirs. » L'industrie cotonnière se répand aussi dans le Haut-Languedoc, à Toulouse, dans l'Albigeois et le Castrais.

Dans les houillères, capitalistes et grands seigneurs mettent sur pied d'importantes entreprises. Fort du soutien du ministère, un homme d'affaires normand, Tubœuf, tente d'évincer du bassin d'Alès les petits exploitants dits des « trous de renard », afin de s'y créer un monopole. Ses commis, venus pour fermer les mines concurrentes, sont reçus à coups de fusil par les paysans. Et un conflit aigu l'oppose au marquis de Castries, possesseur du comté d'Alès (1777) et ministre de la Marine. Il échoue devant tant d'ennemis. A l'autre bout de la province, Gabriel de Solages, frère du marquis de Carmaux, est plus heureux. Lui aussi commence par l'éviction des artisans ruraux de la mine (1752). En 1785, avec cent ouvriers et quatorze chevaux, il extrait 11 000 tonnes de charbon. C'est peu, à côté d'Anzin ou des mines de la Loire. Et pourtant, il y a là le germe d'une puissance et d'une dynastie à laquelle un jour se heurtera Jaurès. Solages crée aussi à Carmaux la première verrerie au charbon de terre. En 1780, il livre un demi-million de bouteilles — sa production annuelle —, à Toulouse, Bordeaux, Montauban. Le règne des gentilshommes verriers touche à sa fin : Gilly, près d'Uzès (1761), Giral, près de Béziers (1768), construisent eux aussi des verreries chauffées au charbon de terre.

On ne peut séparer tous ces faits du déplacement général des courants commerciaux. Le commerce traditionnel, celui du Levant et de la Barbarie, est en stagnation au XVIIIe siècle, si l'on en juge par les statistiques de l'armement maritime languedocien. Le négoce s'oriente de plus en plus vers le Nord : à Sète vers 1730, à côté des tartanes et des barques génoises, on voit arriver en grand nombre les vaisseaux ponantais et nordiques (L. Dermigny). Le port se tourne largement vers l'Océan. Les riverains de la mer du Nord et de la Baltique, grands consommateurs d'alcool (c'est l'époque où l'on est « saoul comme un lord », ou « comme un Polonais »), achètent maintenant les eaux-de-vie languedociennes ; et celles-ci fraient la voie aux vins de qualité — crus des Côtes du Rhône et de Saint-Georges, qui à partir de 1760 trouvent à leur tour preneurs sur les marchés septentrionaux. Et voici un fait nouveau, impensable en 1700 : chaque année, vers 1770-1780, vingt ou trente navires, en provenance de Sète, franchissent les détroits du Sund, et se rendent à Copenhague, Stettin, Dantzig et jusque dans les ports russes. Au même moment du reste, les négociants de Montpellier, qui dominent la place de Sète, font des affaires avec Saint-Domingue, et même dans l'océan Indien. Un double courant, septentrional et colonial, se juxtapose ainsi aux vieux trafics du Levant méditerranéen.

L'orientation vers le Nord se marque aussi dans l'expansion du commerce terrestre. Etats et diocèses rivalisent dans la construction de routes luxueuses, et Young lui-même est scandalisé par les « folies » du réseau routier languedocien. La construction du canal des Etangs — poursuivie sans précipitation excessive de 1700 à 1789 —, l'essor de la foire de Beaucaire, où les denrées coloniales d'Asie et d'Amérique s'échangent contre les produits du Nord, autant de faits très significatifs quant au changement des horizons commerciaux, et à l'expansion générale des échanges : à Beaucaire, on traite six millions d'affaires à la fin du XVIIe siècle, quatorze millions en 1750, quarante et un en 1789.

La Révolution économique s'accompagne d'inévitables transformations sociales : les magistrats des cours souveraines perdent peu à peu leur prééminence du XVIIe siècle. Aux environs de Montpellier, des hommes d'affaires, industriels, négociants, parfumeurs, notaires, achètent les beaux mas qui cent ans auparavant étaient la propriété presque exclusive des Messieurs des aides. Cette évolution, à vrai dire, est surtout sensible dans le Bas-Languedoc. Dans la région toulousaine, moins touchée par l'industrie ou le grand commerce, la prépondérance des parlementaires, ces terriens enrichis par la hausse des prix et des rentes, demeure intacte, et elle s'appuie sur d'importants patrimoines.

3. **Culture, liberté, urbanisme.** — Plus riche et plus sûr de lui, mieux nourri, mieux meublé — à en juger par les inventaires de notaires —, le bourgeois languedocien d'après 1750 modifie sa conception du monde et sa mentalité. Les collèges de jésuites et d'oratoriens, qui s'étaient vidés de leurs élèves lors des crises

de la fin du XVIIe siècle, se remplissent à nouveau, et des petits bourgeois, des artisans, des paysans même y envoient leurs enfants. Presque tous les villages sont maintenant assez riches pour salarier un régent, souvent originaire de la France « d'oïl ». Et grâce à lui, les descendants des illettrés de 1600 en savent assez pour signer leur nom au contrat de mariage, et même pour parler ou écrire le français.

La culture « moderne » (au sens qu'emploient Bayle et Fontenelle) demeure au début du XVIIIe siècle un privilège de la noblesse de robe et des magistrats. A Montpellier, où le cartésianisme depuis 1680 a été vulgarisé par Régis, deux jeunes conseillers de la Cour des Comptes, François-Xavier Bon et François de Plantade, fondent en 1706 la Société royale des Sciences. Ils suivent l'exemple de Nîmes, ville protestante et cultivée, où une académie fonctionne depuis 1682. L'évêque de Montpellier Colbert, des nobles, des juristes, des médecins s'affilient à la nouvelle société. Les travaux des adhérents (observations d'éclipses, description de fœtus monstrueux, ou des organes digestifs de l'esturgeon...) restent sans grande envergure, mais le public des « académiciens » constitue un véritable milieu, réceptif à la philosophie du XVIIIe siècle. En 1729, Toulouse, à son tour, possède son académie, bientôt flanquée d'un observatoire et d'un jardin des plantes. Les grands seigneurs, de leur côté, constituent à l'exemple du marquis d'Aubais de vastes bibliothèques, ouvertes aux érudits. Dans les villes, le théâtre se développe.

Les élites accèdent à une culture ouverte. Mais pour la majorité, l'atmosphère spirituelle reste pesante, jusque vers 1760. C'est dans une ambiance de persécution qu'Antoine Court reconstitue la communauté protestante, rétablit la discipline et la foi, repousse l'illuminisme. En 1721, le province est divisée par lui en trois églises (Haut-Languedoc, Bas-Languedoc, Cévennes). En 1726, après soixante-dix ans d'interruption, un synode national se tient en Vivarais. Court parle aux Genevois de cette église du Désert, composée de « cardeurs de laine, tailleurs d'habits, garçons de boutique et jeunes gens sans études ». Mais avec la guerre, la persécution se fait plus vive. Le ministre Dortial est pendu à Nîmes en 1742. Plus que jamais, c'est au Désert, dans les solitudes des garrigues et des montagnes, qu'on célèbre clandestinement le culte, qu'on administre et qu'on enregistre les baptêmes sur des bandes de parchemin roulées dans des enveloppes de cuir. Face à l'intolérance, Court exalte l'esprit du Désert, « esprit de mortification, de circonspection... et surtout de martyre ». Tous ne l'ont pas au même degré, écrivent Court et Paul

Rabaut. Dès qu'il faut prendre des risques, « il n'y a que le petit peuple qui tient bon». Les« gros colliers, gentilshommes, avocats, médecins, bons bourgeois, gros marchands » sont infiniment prudents. On les voit pourtant paraître aux assemblées vers 1745, quand une certaine détente se fait sentir : avec eux, la seconde génération du Désert, celle de Paul Rabaut et de Court de Gébelin, est nettement plus bourgeoise que la première. En 1752-1756, une dernière vague de persécution officielle provoque l'émigration, et même une petite jacquerie huguenote dans les Cévennes (juillet-décembre 1752). En 1758 enfin, le gouverneur reçoit des instructions officielles de tolérance, et seul le Parlement de Toulouse, héritier des traditions de la Ligue, continue à faire preuve de rigueur et d'un véritable obscurantisme (n'est-ce pas à Toulouse que, sur l'ordre du Parlement, trente-cinq cadavres pourrissent sans sépulture, à l'immonde gibet de la Salade, en 1759 encore). En 1762, la Cour toulousaine fait pendre François Rochette, pasteur au Désert, qui subit ainsi le sort de son père et de son grand-père, et elle fait rouer vif Jean Calas, accusé à tort d'avoir assassiné son fils pour l'empêcher d'abjurer le protestantisme. En 1764, Sirven subit le même sort, et Voltaire qui prend leur défense posthume peut écrire : « Il semble qu'il y ait en Languedoc une furie infernale amenée autrefois par les inquisiteurs à la suite de Simon de Montfort et que depuis ce temps elle secoue quelquefois son flambeau » (d'après Ph. Wolff). L'esprit nouveau triomphe seulement vers 1770 avec la libération des derniers prisonniers de la tour de Constance, à Aiguesmortes. L'édit de 1787 rend l'état civil aux protestants, mais persiste à leur interdire le culte, et à les exclure des fonctions judiciaires et municipales. Il est vrai qu'en fait ces interdictions ne sont pas respectées.

Du côté catholique, on assiste jusque vers 1750 au triomphe d'un jansénisme rigide. Les joyeux curés languedociens du XVIe siècle, paillards et batailleurs, font place à d'austères ecclésiastiques surveillés de près par Joachim Colbert, évêque de Montpellier de 1697 à 1738. Celui-ci exaspère les prêtres par ses questionnaires, auxquels certains ne se privent pas de répondre avec impertinence : *Le curé porte-t-il l'habit noir ? A-t-il des mœurs pures ? Vit-il avec une femme ?* (Oui, très laide). *Va-t-il à la chasse ?* (Oui, aux petits oiseaux), etc.

A Lodève, Souillac, évêque de 1732 à 1750, distribue avec parcimonie les sacrements, diffère l'absolution comme l'ordination, tonne en chaire contre les bals et les danses, excommunie ceux qui manquent à la messe trois dimanches de suite, fait préalablement fustiger devant l'église les femmes enceintes candidates au mariage. L'influence janséniste marquera longtemps le catholicisme languedocien. Elle s'atténue cependant, dans la deuxième moitié du siècle.

Ceux qui ont vingt ans vers 1775-1780 bénéficient d'une ambiance intellectuelle plus détendue, plus ouverte que celle qu'ont connue leurs aînés ou leurs pères. Fabre d'Eglantine, né en 1755, Rivarol né cette même année, André Chénier né en 1762, son frère Marie-Joseph qui est de 1764 se trouvent dans ce cas. Il est intéressant de noter que ce sont les premiers vrais écrivains d'origine languedocienne et de langue française, dans une province qui n'avait guère produit depuis cent ans que d'estimables érudits, des théologiens et un bon romancier picaresque en langue d'oc, l'abbé Favre (1727-1783). C'est qu'en fait, tout comme au XVIIe siècle, le Languedocien conserve une sensibilité d'artiste plus qu'un tempérament d'intellectuel. Ce XVIIIe siècle est une grande période pour l'architecture, et plus encore pour l'urbanisme qui, pour la première fois depuis l'époque romaine, fait à nouveau son apparition dans la région. A Nîmes, Maréchal dresse en 1744 les plans du jardin de la Fontaine. L'ensemble du Peyrou, à Montpellier, commencé avec Daviler en 1689-1692, date cependant pour l'essentiel de la deuxième moitié du XVIIIe siècle. Il est achevé en 1775, avec la contribution décisive de l'architecte Giral. Dans les années 1750-1760, place Royale, quais, promenades sont construits à Toulouse. La révolution de 1750 contribue ainsi à donner aux villes un physionomie nouvelle, moderne et non plus médiévale.

II. — Aspects régionaux de la Révolution française

1. Vignerons, Parlementaires et Tiers-Etat. — Comme dans le reste de la France, la crise économique précède les événements de 1789, et contribue pour une part à en rendre compte. Elle se marque dans la grande dépression des prix du vin, provoquée par l'ambiance générale de récession, et aussi, après 1778, par une série de vendanges exceptionnelles en quantité comme en qualité. Sur le marché de Béziers, les prix sont au plus bas en 1785. Le revenu viticole s'effondre. Les propriétaires sont obligés de faire valoir eux-mêmes pour diminuer les frais. La dépression gagne l'industrie, où elle se conjugue avec la crise qui frappe la draperie du Levant. Le mécontentement est général.

La crise politique prend le relais. Et c'est d'abord la classique révolte nobiliaire et parlementaire. En 1788, le Parlement de Toulouse, flanqué de la Cour des Aides de Montpellier, prend fait et cause contre les réformes introduites par Brienne en matière de justice et de finances. Le Conseil d'Etat riposte en brisant en cinq « grands bailliages » le vaste ressort de la cour toulousaine. Les privilégiés volent au secours des nobles de robe, et la noblesse de Toulouse, illégalement réunie, proteste vigoureusement. En août 1788, Brienne tombe, le Parlement est triomphalement rétabli dans ses droits.

Déjà pourtant, la direction du mouvement échappe aux cours souveraines, et passe au Tiers-Etat. La crise de subsistances accroît en effet l'irritation populaire, après le rude hiver de 1788-1789, qui tue les oliviers et compromet les semences. Les barques sont arrêtées sur le canal du Midi, les marchands de grains et les consuls sont molestés. C'est dans cette atmosphère troublée que se produisent, à la fin du printemps, les élections aux Etats généraux. A l'intérieur de chaque ordre, les conflits sont vifs. Petits nobles et bas clergé s'opposent aux vingt-trois barons, aux vingt-deux prélats de la province. A Mende, le curé Brun passe contre son évêque, avec cinquante voix d'avance. Dans les assemblées du Tiers, les bourgeois entrent en conflit avec l'administration et à Limoux le subdélégué Ribes est mis en minorité. Dans l'ensemble pourtant, les élus sont des modérés assez peu marquants. Seul le magistrat montpelliérain Cambacérès, le pasteur nîmois Rabaut-Saint-Etienne, et Boissy d'Anglas, député d'Annonay, émergeront du lot. Encore ces hommes seront-ils tout au plus girondins. Il ne faut donc pas juger du passé par le présent. Le Languedoc est alors politiquement bien moins « avancé » que la France du Nord, et c'est du Nord, précisément, ou du Centre, non du Midi, que surgissent les Robespierre, les Couthon et les Saint-Just.

Que demandent les cahiers de doléances du Tiers ? Ils revendiquent souvent l'émancipation des protestants, très rarement la suppression de la dîme (Le Puy), ou des ordres religieux (Annonay). L'égalité devant les emplois, le vote par tête, le remplacement des Etats par une Assemblée vraiment représentative rencontrent l'adhésion générale, tandis qu'un seul cahier (Castelnaudary) demande la suppression des intendants. L'abolition des cours seigneuriales, de la vénalité des charges et de la torture apparaît à tous comme les conditions préalables d'une bonne justice. Impôts indirects (gabelles, aides) et survivances seigneuriales (leudes, péages, banalités, corvées et servitude personnelle) tombent sous le coup d'une même réprobation. Le libéralisme économique, tant pour le commerce que pour l'industrie, est la doctrine générale du Tiers. Mais il se colore de revendications locales. Dans le Haut-Languedoc, on exige la liberté de la culture du tabac. Le Tiers de Béziers veut qu'on supprime les droits de sortie sur les vins et les eaux-de-vie. Quelques cahiers, plus radicaux, demandent un impôt sur les capitalistes et les négociants.

Au cours de l'été, la grande peur ne fait qu'effleurer la province. Toulouse et Gaillac s'émeuvent à la suite d'histoires de brigands colportées de proche en proche depuis Angoulême et la forêt de Chizé. Cette peur de l'Ouest conflue quelque part dans la montagne avec la peur rhodanienne née près de Vesoul, et qui agite quelque temps le pays de Nîmes et les Cévennes. Peu de chose au total : le bas-pays dans son ensemble, de Carcassonne à Montpellier, reste calme en juillet-août 1789.

Le Languedoc en somme est plus objet que sujet, lors des événements de 1789. Il n'est pas un foyer révolutionnaire. Mais les contrecoups de la Révolution s'y font très tôt profondément sentir. Cour des Aides et Parlement de Toulouse — ces apprentis sorciers de 1788 — sont supprimés. Le territoire de la province est réparti en huit départements : Haute-Loire, Ardèche, Lozère, Gard, Hérault, Aude, Tarn et Haute-Garonne. L'entité administrative « Languedoc » meurt. Les biens d'Eglise sont vendus, et là comme ailleurs les bourgeois des villes, les magistrats des anciennes cours souveraines, les hommes de loi, les marchands, en particulier les marchands de biens qui servent d'intermédiaire et font de belles affaires, enlèvent la plupart des lots, au détriment des paysans. Pourtant, le transfert de richesse ainsi réalisé est bien moindre que dans le nord de la France, où depuis le haut Moyen Age la piété des donateurs avait ménagé à l'Eglise d'immenses ressources foncières. Dans l'Hérault, les biens mis en vente ne représentent que 4 % de la surface totale du département. La Révolution ne se lie pas ici aux intérêts d'une classe nombreuse de citoyens. Et cette carence est d'autant plus sensible qu'est virulente la réaction royaliste au cours des années qui suivent.

2. **Huguenots patriotes et majorité royaliste.** — Dès 1790 en effet, l'esprit des guerres de religion, qui semblait bien éteint, revit, et la supériorité numérique des catholiques fait pencher la balance en

faveur de la contre-révolution. Cette année-là, François Froment, avocat de Nîmes, ancien receveur du chapitre cathédral, ennemi farouche des huguenots, vient proposer au comte d'Artois, émigré à Turin, de soulever ses coreligionnaires du Languedoc contre les protestants, qu'il accuse d'exploiter la Révolution à leur profit et d'accaparer toutes les places. Il est accueilli avec scepticisme par les nobles philosophes qui forment l'entourage du prince, mais ce dernier est séduit par le langage du jeune avocat. Dès son retour à Nîmes, Froment s'assure des appuis parmi les populations catholiques des bords du Rhône et du Bas-Vivarais ; contre la garde nationale nîmoise, dirigée par une bourgeoisie manufacturière et calviniste, il recrute dans les milieux populaires de la ville dix-huit compagnies de *cébets* (mangeurs d'oignons), tous travailleurs de terre, artisans, porteurs de chaise ; armés de fourches, ils portent la cocarde blanche et sont bons catholiques. De même, à Montauban (10 mai 1790), les femmes du peuple catholiques assaillent à coups de bâtons, lors des inventaires, les bourgeois calvinistes de la garde nationale. A Toulouse, les gens de justice, aigris par la suppression du Parlement, forment la légion Chicane, contre-révolutionnaire, appuyée par la noblesse, les ex-Parlementaires et le chapitre Saint-Sernin. La « réaction punitive » des patriotes et des protestants, qui craignent une Saint-Barthélemy, est rapide et sanglante. Les 13 et 14 juin 1790, à Nîmes, les milices protestantes de la Vaunage et de la Gardonnenque massacrent trois cents catholiques. C'est la « bagarre » de Nîmes, dont Froment s'échappe à grand-peine.

Le clergé, formé par deux siècles de luttes religieuses, est du reste hostile à tout compromis.

Lors du serment à la Constitution civile du clergé, on compte très peu de jureurs (150 seulement sur 520 prêtres dans le Gard). Dès l'été 1790, prêtres réfractaires et royalistes forment en Bas-Vivarais le camp insurrectionnel de Jalès qui rassemble les gardes nationales catholiques de l'Uzégeois, du Vivarais et du Gévaudan. En février 1791, il se disperse sans avoir combattu. Sa constitution symbolise bien, pourtant, « la haine des deux montagnes, Cévenne protestante et Vivarais catholique » (Ch. Pouthas).

En ce Languedoc qui ne brûle pas d'ardeur révolutionnaire, les régions protestantes constituent ainsi le môle patriote par excellence. A Nîmes, le club des Amis de la Constitution est, depuis l'été de 1790, maître absolu de la ville, du district et du département, et son règne durera jusqu'à l'écrasement du fédéralisme. Les huguenots prennent part, sans complexes, à l'élection de l'évêque constitutionnel, tandis que les catholiques s'abstiennent, et que quantité de prêtres s'enfuient à leur tour « au désert » dans les montagnes de l'Ardèche. En avril 1792, à la suite d'une émotion locale, provoquée par le naufrage d'une barque de volontaires dans le Rhône, et grossie par la crainte de la famine, et par l'exemple des Marseillais, une véritable jacquerie éclate dans la Vaunage et la Vistrenque protestante. Vingt châteaux sont brûlés, comme au temps des Tuchins de Nîmes et d'Uzès, quatre siècles plus tôt ; on taxe le blé sur les marchés ; tout le district de Nîmes est gagné par la contagion révolutionnaire. Dans certains villages, les citoyens passifs et les jacobins s'emparent de la municipalité et désarment les « actifs » et les notables. A Bagnols-sur-Lèze, les titres féodaux sont brûlés. Mineurs et paysans d'Alès « réalisent contre les châteaux en flammes l'union du quatrième état » (G. Lefebvre).

Ces huguenots patriotes accueillent la guerre avec ferveur. Mais le conflit de la Gironde et de la Montagne ne tarde pas à les diviser. A partir de 1793, les antagonismes sociaux l'emportent sur la solidarité religieuse. A Nîmes, bourgeois protestants et bourgeois catholiques s'unissent contre le maratisme de la société populaire, fondée en 1791 par des protestants et qui compte beaucoup d'illettrés. Les familles des réformés tendent elles-mêmes à se diviser. Guizot-Gignoux (père de François Guizot) soutient le directoire modéré du département, tandis que son beau-père, Bonicel, d'origine paysanne, est montagnard. Après la chute de la Gironde à Paris, la municipalité bourgeoise de Nîmes, mollement soutenue par celle de Montpellier dont le maire est le jeune et richissime Durand, ainsi que par les autorités d'autres départements languedociens (Lozère, Ardèche, Tarn, Aude, Haute-Garonne), se déclare en insurrection et dissout la société populaire. « C'est une révolution de propriétaires et de gens riches » (Ch. Pouthas), une révolte de manufacturiers contre la liberté meurtrière « qui ravage la propriété et détruit l'industrie ». L'insurrection fédéraliste du Midi est abandonnée dès la fin de juin par Toulouse et la Haute-Garonne, qui restent fidèles à l'unité nationale incarnée dans la Convention et rendent impossible une liaison entre les insurgés de Bordeaux et ceux du Bas-Languedoc. Et le mouvement s'effondre définitivement le 14 juillet 1793 avec la prise de Pont-Saint-Esprit par Carteaux. Durand et Guizot sont guillotinés. A Nîmes, Bonicel, succédant à son gendre, reprend le pouvoir avec une équipe de montagnards modérés d'origine petite-bourgeoise, bientôt débordés par la société populaire et le représentant Borie. Cinquante et un pasteurs sont « déprêtrisés ». Nîmes, la grande cité manufacturière, est certainement la ville du Languedoc qui pousse le plus loin, à l'imitation de Paris, les antagonismes de classes. Dans le reste de la province, qui compte 7 % de la population française, la Terreur est assez bénigne : on n'y relève que 2,5 % du total national des exécutions. Nîmes au contraire connaît de véritables fournées : 31 têtes le 29 messidor (17 juillet 1794), 17 encore le 1er thermidor (19 juillet). Au total, dans cette ville, on dénombre 134 exécutions et 800 arrestations. Et sur 33 administrateurs guillotinés, 24 sont protestants, bourgeois révolutionnaires dépassés par la Révolution ; étrange destin que celui de cette bourgeoisie nîmoise, doublement rejetée par le peuple catholique des *cébets* et par le peuple révolutionnaire des sans-culottes. La carrière politique de François Guizot, opposant libéral sous Louis XVIII et ministre réactionnaire de Louis-Philippe, n'est-elle pas déjà inscrite dans celle, si brève et tragique, de son père, Guizot-Gignoux ?

Le modérantisme languedocien demeure cependant une constante, même chez les montagnards du cru, vainqueurs en 1793-1794. Moins avancés que Robespierre et ses amis, ils se méfient du sans-culottisme, et leur représentant typique, le conventionnel Cambon, fabricant de cotonnades à Montpellier et grand financier du Comité de Salut public, est l'un des principaux artisans de la chute de Robespierre le 9 thermidor.

Pendant tout le Directoire, cette bourgeoisie thermidorienne, modérée, mais fermement jacobine et républicaine, conserve le pouvoir dans les deux plus grandes villes. Bonicel à Nîmes, Souchon, Vaysse et Destrem dit *Maximum* à Toulouse assurent ainsi une certaine continuité révolutionnaire. Mais ce ne sont là que des îlots de jacobinisme. Ailleurs le royalisme revient en force. Dès 1795, les Compagnons de Jéhu ou du Soleil font régner la Terreur blanche en Lozère et dans la vallée du Rhône. Dans les Cévennes, Solier, dit Sans-Peur, ancien curé, commande un véritable maquis. Ses brigands royaux — longue chemise blanche, visage barbouillé de suie — tuent les fonctionnaires républicains et libèrent les prêtres réfractaires. A Montpellier, la municipalité incline au royalisme, et dans les cabarets, les consommateurs entonnent, au son des hautbois, le *Domine, salvum fac regem.* Dans le pays toulousain, 30 000 paysans, commandés par des nobles revenus d'émigration, encerclent quelques jours le chef-lieu républicain (août 1799). La majorité royaliste et rurale qui dictera sa loi lors de la Terreur blanche de 1815 est déjà en place dans les dernières années de la Révolution.

III. — Démocratie et viticulture

1. De la Terreur blanche aux insurrections rouges. — Entre 1800-1815 et 1850-1870, les habitants de l'ancien Languedoc conservent sinon le même régime politique, en tout cas les mêmes institutions, telles qu'elles furent mises en place par la Constituante (départements) et surtout par le Consulat (préfets, justice, finances, etc.). Mais en revanche, ils modifient, pour la majorité d'entre eux, leur façon de vivre et de penser.

L'une des transformations les plus radicales concerne l'esprit public et l'attitude politique. En 1814, quand Wellington, après une bataille indécise contre Soult, occupe Toulouse, il y est accueilli en libérateur. Le Midi catholique et royal dépasse alors en ferveur monarchique les pays traditionnellement fidèles aux Bourbons, comme la Bretagne et la Vendée. La Terreur blanche de 1815 est du reste spécifiquement méridionale. Dès juillet, des engagements se produisent entre royalistes de Beaucaire et protestants, fidèles à l'Empire, de la Gardonnenque. A Nîmes, une vraie lutte de classe oppose de nouveau, à fronts renversés, les patrons protestants aux ouvriers catholiques. Un maître boulanger tue son ouvrier, royaliste, sur le seuil de sa boutique. Un travailleur agricole, Dupont, dit Trestaillon (en raison des trois parcelles de vigne et d'olivier — *tres taïouns* — qu'il possède), ancien volontaire à l'armée du duc d'Angoulême, veut venger le pillage de sa maison et le viol de sa femme commis en son absence par les ennemis du roi. A l'instar de Froment, il forme des compagnies catholiques dans les faubourgs de Nîmes, attaque la garnison désarmée, massacre des soldats et des officiers, pille des maisons. A Uzès, les bandes royalistes — dirigées par le surnommé *quatre-taillons* —, fusillent leurs adversaires. Le préfet du Gard, pour rétablir l'ordre, appelle les Autrichiens, qui, pour faire un exemple, fusillent à leur tour trois paysans « blancs ». La réouverture du temple protestant, à Nîmes, le 12 novembre, provoque de nouveaux troubles. La foule chante :

N'épargnons personne
Trestaillon l'ordonne.

Le général Lagarde, commandant la garnison, qui veut s'interposer, est tué. A Montpellier, s'il y a peu de morts, on compte des centaines d'emprisonnés. A Toulouse enfin, les volontaires royaux, les *Verdets*, qui arborent la cocarde verte du comte d'Artois, blessent au cours d'une manifestation, puis achèvent dans son lit le général Ramel.

Toulouse, sous la Restauration, fait presque figure de capitale nationale de l'ultracisme : son maire, Jean-Baptiste de Villèle, petit noble sec et nerveux, ancien officier de marine et propriétaire foncier, député, leader ultra, préside le Conseil des Ministres de 1822 à 1828. C'est un terrien aux vues courtes, réactionnaire mais réaliste. Il veille à l'équilibre du budget français comme à la comptabilité de ses métairies, et il achète de la terre avec les économies qu'il réalise sur son traitement de ministre.

Passent trente-cinq ou quarante années : le tableau politique de la France du Sud est complètement transformé. Ce pays élisait avec enthousiasme, en 1815, les ultras de la Chambre introuvable. En 1848-1851, au contraire, on y décèle une véritable fermentation républicaine, et les forces de gauche y sont plus compactes, les « rouges » plus agissants que dans le reste de la France. La région semble être passée d'un extrême à l'autre.

C'est déjà net en 1848. Dans l'Hérault, lors des élections partielles de septembre, où les deux blocs s'affrontent avec plus de clarté qu'aux élections générales d'avril, Laissac, procureur général et républicain, passe avec 8 000 voix d'avance devant l'abbé de Genoude, légitimiste. Si le corps électoral de Montpellier reste dominé par les conservateurs, les régions de Lodève, de Saint-Pons et surtout de Béziers, donnent déjà d'imposantes majorités républicaines.

A partir de 1849, les sociétés secrètes de montagnards, les « centuries », travaillent l'opinion paysanne, sensibilisée par la crise économique et notamment par le bas prix du vin. Pour les « démoc.-

soc. » des campagnes languedociennes, comme pour ceux de la Nièvre ou du Loiret, la République est une idée-force qui porte en elle un violent espoir d'affranchissement social ; l'année 1852 sera celle de la Révolution (G. Marcilhacy). Le prince-président partage la grande peur du parti de l'ordre, devant les sanglantes perspectives de la nouvelle année. Par son coup d'état du 2 décembre 1851, il prend de court les masses révolutionnaires. Celles-ci, frustrées de leur grande espérance, réagissent avec énergie : le 4 décembre 1851, tous les villages des environs de Béziers se déclarent en insurrection. Les paysans rejoignent les centuries insurgées de la ville que dirige un riche négociant, Péret, et quelques artisans révolutionnaires — tonneliers, maçons, cordonniers. La troupe tire dans le tas, faisant 70 morts, et « nettoyant » ainsi le chef-lieu. Mais celui-ci reste encerclé quelque temps par l'insurrection générale des villages, qui s'étend jusqu'autour de Pézenas. Un conflit aigu oppose les grands propriétaires, qui soutiennent le parti de l'ordre, aux journaliers et paysans, montagnards par leurs opinions. A Bédarieux, les ouvriers en laine — républicains et braconniers — haïssent doublement les gendarmes, dont certains sont assiégés et tués, quelques jours après le coup d'état ; les insurgés exigent aussi de leurs fabricants, généralement légitimistes, une augmentation de salaire. On note encore des troubles à Nîmes, Uzès, Alès, dans la Vaunage protestante et démocrate, « où les jeunes gens des familles riches adoptent les opinions démagogiques ». Dans le Vivarais, vieux fief royaliste pourtant, des bandes de paysans venus de Cruas et des villages voisins se portent sur Privas. Repoussées par la troupe après un combat assez vif, elles tiennent plusieurs jours la montagne.

Dans le Haut-Languedoc en revanche, l'agitation est faible après le coup d'état, sauf à Toulouse où l'on note « quelques bousculades, rompues par des charges de cavalerie » (Ph. Wolff).

Ainsi entre 1815 et 1851, entre la Terreur blanche et l'insurrection rouge, il y a eu, sans aucun doute, révolution de l'esprit public. La minorité de gauche, confinée au début du siècle dans les grandes villes et les régions protestantes, a fait tache d'huile dans les bourgs et les campagnes, surtout dans les régions de vignobles, au point que, vers 1848-1851, elle devient souvent majorité, spécialement en Bas-Languedoc. Et cette orientation s'avère durable : au plébiscite de 1870, les départements languedociens — Hérault, Gard, Ardèche, Haute-Loire, Haute-Garonne — donnent de substantiels pourcentages de « non ». Seule la Lozère, qui conserve une économie et une société d'Ancien Régime, fournit une écrasante majorité de « oui ». En mars 1871, les événements de 1851 se répètent, mais avec plus d'ampleur dans les grands centres. A Toulouse, où depuis 1840 un travail en profondeur est mené par le journal démocrate *L'Emancipation* et par les sectes « cabétistes » et socialistes, très influentes chez les ouvriers et les boutiquiers, la garde nationale proclame une Commune éphémère. Les autorités voient dans ce mouvement le résultat des intrigues de l'Internationale : les filles de Karl Marx et son gendre Paul Lafargue, alors en cure à Luchon, auraient transmis les consignes occultes de cette organisation... Dans l'Aude, où l'influence de Barbès, indomptable et séduisant enfant de Carcassonne, fut si forte en 1848 (on dansait sous son portrait dans les bals populaires), la commune est proclamée en 1871 à Narbonne. Les bassins houillers de Carmaux et d'Alès sont eux aussi en pleine effervescence après la guerre franco-allemande, et à Privas, Annonay, Aubenas, « le hideux drapeau rouge apparaît dans les chantiers ».

Depuis 1870, tous les scrutins confirment qu'il ne s'agit pas là d'une agitation superficielle, mais bien d'une implantation profonde. Parmi les départements constamment orientés à gauche depuis un siècle, François Goguel mentionne en 1951 le Gard, l'Hérault, l'Aude et la Haute-Garonne, qui forment, avec le Sud-Est provençal, un « Midi Rouge » : « Depuis 1870, républicains sans épithète, radicaux, socialistes, communistes aujourd'hui ont occupé successivement dans ces provinces d'imprenables positions. » A cette constance de la géographie électorale, correspond la permanence d'un type humain caractéristique : le républicain du Midi, volontiers anticlérical, ne connaissant pas d'ennemis à gauche.

Pourquoi, entre 1815 et 1870, cette mutation politique, cette montée irréversible de la gauche se produit-elle ? Les démocrates du XIXe siècle, amis des « lumières », l'auraient volontiers expliquée par les progrès non moins décisifs de l'instruction publique. Au début du XVIIIe siècle, la proportion d'illettrés était aussi forte en Languedoc qu'en Bretagne, et bien plus élevée qu'en Ile-de-France ou en Artois. Au contraire, en 1871-1875, les départements languedociens, mis à part ceux de la montagne, montrent de faibles pourcentages d'illettrés. Ils se classent maintenant dans le même groupe que les départements instruits du Nord et de l'Est, et ils sont très en avance sur les départements encore ignorants de l'Ouest. Opinion publique et instruction publique se transforment donc au même rythme. Mais à la base même de leurs progrès communs n'y a-t-il pas aussi une mutation de l'économie, de la société, de la démographie ?

2. **Révolution viticole et ferroviaire.** — Les précisions, comme toujours, sont très grandes dans ce dernier domaine. Le siècle qui s'écoule de 1770 à 1870 forme un « tout démographique », une période de croissance continue, à peine interrompue par quelques crises, liées aux disettes, aux guerres ou aux révolutions. Dès 1789, la généralité de Languedoc était en tête du territoire national pour le croît naturel de la population. De 1800 à 1851, la population du Bas-Languedoc augmente de 37 % contre 31 %, moyenne française. En Haut-Languedoc cependant, l'essor est moins marqué, sauf à Toulouse qui grandit beaucoup par suite de l'émigration des campagnes voisines (53 000 habitants en 1790, 103 000 en 1856).

La croissance, exceptionnellement forte dans l'est de la province, n'y présente pas de caractère malsain. Elle va de pair en effet avec la multiplication des richesses. La vigne, culture peuplante, et accessoirement les charbonnages sont ici les grands instruments d'enrichissement. Dans ce qu'on appellera plus tard le Midi viticole (Gard, Hérault, Aude) (1), on compte 134 000 hectares de vigne en 1788, 172 000 en 1808, 205 000 en 1818, 232 000 en 1839. Mais la production augmente beaucoup plus que les surfaces. Elle triple dans l'Aude, elle quadruple dans l'Hérault pendant cette période. C'est l'indice que les terres de plaine, à haut rendement sont progressivement conquises à la vigne. Les débouchés restent longtemps les mêmes qu'au XVIIIe siècle : Gênes, Pays-Bas, Baltique, et surtout pays buveurs du nord et de l'ouest de la France.

(1) Le Midi viticole s'étendra aussi sur les Pyrénées-Orientales, qui ne font pas partie du Languedoc.

Mais leur capacité d'absorption semble avoir augmenté, surtout en France. La distillation, qui utilise massivement les houilles de Bessèges et d'Alès, progresse beaucoup jusqu'en 1850. L'invention de l'alambic moderne, par Edouard Adam, en 1804, stimule en effet cette vieille industrie.

Face à l'impérialisme de la vigne, les cultures traditionnelles sont en décadence. Les blés russes permettent de se passer des grains languedociens. Et quelques rudes hivers (1820) précipitent la décadence de l'olivier. Cependant, en 1847 encore, la partie n'est pas gagnée pour la viticulture. Le vignoble atlantique, du Bordelais aux Charentes, demeure le plus important de France, devançant son concurrent du Bas-Languedoc. Il faut attendre la révolution des chemins de fer, après 1853, pour voir consacrée la prédominance du Midi viticole.

Jusqu'à cette date en effet, il n'existe dans la région que quelques tronçons ferroviaires, et seulement dans l'Est, toujours en avance pour le développement du capitalisme : Montpelier-Sète (1839), Alès-Beaucaire (1839-1841) et Montpellier-Nîmes (1844). Mais sous le Second Empire, les saint-simoniens agissent : Paulin Talabot s'empare du grand axe français (Paris-Lyon-Marseille) ; avec l'aide des Rotschild, il relie par fer les marchés du Nord aux productions du Sud. Les Pereire construisent la ligne du Midi, qui joint l'Océan à la Méditerranée (Bordeaux-Toulouse-Sète). Tandis qu'une étoile de voies ferrées s'irradie autour de Toulouse, une ligne secondaire (Béziers-Graissessac) construite le long de la vallée de l'Orb dessert les régions de montagnes. Béziers, grâce à elle, enlève à Montpellier une partie importante de son commerce (M. Blanchard).

Désormais, les marchés du Nord, de Paris et du

Centre sont largement ouverts aux vins du Midi. A Narbonne, dans les années 60, « le vin qui passait à la chaudière entre dans la consommation depuis l'établissement des chemins de fer ». En cinq ans, le vignoble de l'Hérault est capable de réaliser un milliard de bénéfices. « Quelle que soit la valeur, de sa vigne, le propriétaire la paye en deux récoltes » (d'après R. Dugrand). Le débouché grandit, le prix monte. Que faire, sinon planter ? La mer des vignes submerge les plaines.

Tout un monde rural trouve son compte à cette évolution, inégalement il est vrai. Le capitalisme viticole est à son apogée sous le Second Empire, et les propriétaires aisés, qui thésaurisent rarement, préfèrent investir, acheter de la terre et de la rente, ou jeter l'argent par les fenêtres. Mais la démocratie viticole, celle des petits vignerons, des prolétaires et des artisans, grandit et se renforce elle aussi. Une foule de minuscules producteurs accède à la fois à l'économie de marché, à la propriété, aux idées nouvelles : c'est parmi eux que la République trouvera ses meilleurs appuis.

3. Difficultés et inégalités de croissance. — Cette expansion ne va pas sans à-coups. La viticulture reste un jeu de hasard. Une trop bonne récolte ou le resserrement du marché entraînent automatiquement la mévente. La plus grave crise est celle de 1850, qui prélude à l'insurrection biterroise de 1851. L'hectolitre valait 12 francs à Sète en 1845. Il tombe à 6,50 en 1849, et les prix de 1849-1852 sont les plus bas du siècle. La surproduction n'est vaincue que par l'oïdium, qui détruit les récoltes à partir de 1852. Henri Marès met au point le traitement au soufre, qui permet d'en venir à bout : mais l'oïdium a le temps d'assainir les marchés, et les prix bondissent à 50 francs en 1856, pour se maintenir ensuite, grâce aux nouveaux débouchés ferroviaires, constamment supérieurs à 20 francs.

La seconde crise biologique, celle du phylloxéra, est beaucoup plus grave que la première. La « nouvelle maladie de la vigne », signalée dans le Gard dès 1869, s'avance rapidement d'est en ouest dans le Midi viticole. Au bout de cinq ans, la situation des viticulteurs paraît désespérée. Dans l'arrondissement de Montpellier, en 1876, un tiers du vignoble est totalement détruit. Deux remèdes sont pourtant découverts : la submersion des vignes, le greffage des plants français sur les cépages américains, résistants au puceron. Le second de ces remèdes permet d'envisager largement la reconstitution du vignoble. Mais celle-ci est plus ou moins aisée selon les régions. Elle se fait de façon brillante dans le Biterrois : ce pays, touché après les vignobles de l'Est, a pu mettre pleinement à profit les hauts prix des premières années de la maladie. Lorsque enfin il est contaminé à son tour, les viticulteurs ont gagné de l'argent, le remède est déjà découvert, on peut faire rapidement les investissements de la « reconstruction » de la vigne, investissements que les vignerons ruinés des régions situées plus à l'est ne consentent au contraire qu'avec difficulté. Une nouvelle fois, Béziers gagne, aux dépens de Montpellier, et le centre de gravité du vignoble se déplace vers l'ouest. Il se déplace aussi du nord vers le sud, de la montagne vers la plaine et vers la mer. Coteaux et terrains secs, spécialement vulnérables au phylloxéra, sont abandonnés, et le procédé de submersion valorise les terres inondables de la Camargue, conférant tout à coup une valeur énorme aux terrains de chasse et de parcours laissés jusqu'alors en friche par les grands propriétaires.

Au plan social, la viticulture populaire, si florissante sous Napoléon III, régresse, car elle est moins bien armée que la viticulture capitaliste pour aborder l'épreuve coûteuse de la reconstruction. Beaucoup de petits vignerons émigrent en Algérie et y constituent une économie concurrente de celle du Languedoc. Malgré tout, les rangs du prolétariat rural ne s'éclaircissent pas : les traitements anticryptogamiques exigent en effet une main-d'œuvre plus abondante encore que par le passé.

Paradoxalement, heurs et malheurs de la viticulture profitent dans tous les cas au port de Sète. Celui-ci, jusqu'au milieu du siècle, conquiert de nouveaux marchés pour le vin, en Amérique du Sud et en Algérie. Simultanément, il devient l'un des grands centres français de la tonnellerie. Quand survient le phylloxéra, les ventes à l'étranger s'interrompent et le commerce sétois se fait importateur de vins, en provenance d'Espagne, puis d'Oranie et de la Mitidja. Le port inaugure ainsi ses fonctions du XXe siècle. Désormais, il n'est plus l'allié, mais le concurrent du vignoble régional.

Malgré ses drames et ses déboires, ce vignoble demeure la

grande force, le secteur conquérant de l'économie languedocienne. Dans le territoire de l'ancienne province, les non-viticulteurs font, au XIXe siècle, figure de parents pauvres. Sans doute le mûrier, « l'arbre d'or », fait-il de beaux progrès dans les Cévennes et le Vivarais, sous la monarchie censitaire. Mais dès 1849, la pébrine ravage les élevages de vers à soie, et les producteurs découragés abandonnent les plantations. Quand Pasteur découvre une thérapeutique (1875-1882), il est trop tard pour reconquérir les marchés, accaparés par les concurrents d'Extrême-Orient et des pays méditerranéens. Quant à la polyculture traditionnelle, on la trouve encore largement répandue en Haut-Languedoc, où elle est liée à la production du maïs, et à l'institution archaïque du métayage. Propriétaires et métayers vivent des produits de leur terre, vendent peu et ne peuvent prétendre aux somptueux bénéfices des années de bons prix viticoles. Dès 1830-1840, le Languedoc aquitain fait ainsi figure de pays sous-développé (A. Armengaud). Par rapport à la moyenne française, les statistiques du temps de Louis-Philippe y montrent clairement la pauvreté relative des contribuables et des épargnants, la faiblesse des rendements agricoles, la déficience de l'alimentation populaire. Dans ces campagnes qui vivent au seuil de la misère, le coup d'échaudage de 1846 — qui grille les moissons, comme dans le reste de l'Europe — est une vraie catastrophe, préludant à une crise économique et démographique sans précédent.

4. **Les contradictions industrielles.** — Ainsi le développement est inégal selon les productions et les régions. Il en va de même pour l'industrie. Certes l'activité textile traditionnelle demeure importante, et parfois progresse, comme c'est le cas à Mazamet. Mais le grand capitalisme, lyonnais, marseillais, et surtout parisien, quand il vient s'implanter dans la région, s'y intéresse surtout au charbon et à la métallurgie. Dès les années 1830, le maréchal Soult et les Talabot contrôlent les usines à fer du Sault-du-Tarn, et une partie du bassin houiller d'Alès. La famille Frèrejean de Lyon acquiert en 1809 les gisements de fer de la Voulte et construit auprès de ces mines d'importants hauts fourneaux. Sous le Second Empire, grâce aux commandes des chemins de fer, certaines zones voient s'accomplir une véritable révolution industrielle. On extrait 385 000 tonnes de charbon dans le Gard en 1851, 1 300 000 tonnes en 1870. Et ce département, le troisième de France, après le Nord et la Loire, pour l'industrie du fer, devient en Languedoc la terre d'élection des grandes affaires. Elles intéressent des spéculateurs de haut vol, comme Jules Mirès, de grands entrepreneurs, du type Talabot, des pré-

curseurs enfin, comme Henri Merle, qui développe l'usine chimique de Salindres, dont sortira la *Société Péchiney*. Par la suite, sous la IIIe République et jusqu'à la fin du XIXe siècle, la métallurgie d'Alès rivalise avec celle du Creusot, et Bessèges exporte ses rails jusqu'au Canada (R. Dugrand).

Dès le Second Empire pourtant, certains symptômes de « désindustrialisation » apparaissent. Tandis que la bourgeoisie parisienne, par un processus centralisateur, s'annexe les branches industrielles les plus rentables, la bourgeoisie languedocienne commence à délaisser ses fabriques, au revenu incertain ; elle réinvestit ses capitaux dans la vigne ou dans les titres. A Montpellier, dès 1850, le textile et l'industrie chimique disparaissent. Propriétaires-viticulteurs, médecins et rentiers remplacent, dans le groupe des notables, les fabricants et les négociants d'autrefois. A l'encontre de l'évolution générale, les villes du Midi viticole abandonnent leurs fonctions productives pour devenir des centres de collecte et de dépense de la rente foncière.

Finalement, le bilan de ce XIXe siècle languedocien apparaît complexe et contradictoire. En première analyse, on peut parler d'un splendide XIXe siècle, âge d'or de la vigne et du charbon, de l'idéologie démocratique et du grand capitalisme. Mais cette expansion demeure unilatérale et fragile. Elle recèle certaines contradictions, dont le caractère apparaît au siècle suivant.

Chapitre VII

PROBLÈMES DU XXe SIÈCLE

I. — Inadaptations économiques

L'économie languedocienne, au cours de sa longue période d'essor (1750-1900), n'a guère connu que des difficultés de croissance et des inégalités de développement. Depuis 1900-1905 au contraire, elle souffrait d'une véritable crise de structure, et celle-ci remet en cause les fondements mêmes de la richesse régionale, tels qu'ils furent établis depuis le XVIIIe siècle.

1. **1907.** — La dépression la plus apparente est celle du Midi viticole. Les crises cycliques jalonnent ici les étapes d'un lent déclin provoqué par la surproduction chronique. Pour l'essentiel, ce caractère permanent de la crise s'explique par la concurrence du jeune vignoble algérien, favorisé par le climat et les bas salaires. Dès 1906, l'Algérie déverse six millions d'hectolitres dans les ports de la métropole et les prix sont au plus bas sur les marchés languedociens. Les vignerons incriminent la fraude, le sucrage, le mouillage et la fiscalité. L'un d'eux, Marcellin Albert, d'Argelliers (Aude), forme un comité de défense qui organise en 1907 dans les grandes villes d'imposantes manifestations. Les viticulteurs, dont les familles souffrent de la faim, exigent parfois « du pain ou du plomb », toujours « la mort aux fraudeurs ». Ils vitupèrent l'eau, le sucre, la mélasse, brandissent des souches

endeuillées, des croûtons de pain, des courges et des bourses plates, en signe de misère et de faim. Des tableaux naïfs, portés à bout de bras, montrent le fraudeur repu, la boulangère inflexible au pauvre, le percepteur fuyant, fourche au derrière.

Socialement, toute la viticulture fait bloc, des syndicats naissants d'ouvriers agricoles aux grands propriétaires et aux négociants. Politiquement, les manifestants affirment qu'ils groupent « ceux qui aiment la République, ceux qui la détestent et ceux qui s'en foutent ». En fait, les données réelles sont plus subtiles : les radicaux du Midi, comme Albert Sarraut, député de Lézignan (Aude) et sous-secrétaire d'Etat à l'Intérieur, continuent quelque temps à soutenir le gouvernement de leur ami Clemenceau, qui est également appuyé par le *lobby* des députés betteraviers du Nord de la France, intéressés au sucrage du vin. Et contre le gouvernement, une coalition tacite rassemble les notables royalistes, dont le journal *L'Eclair*, à Montpellier, développe le programme, et le parti socialiste en pleine croissance. Suivant les régions, l'une ou l'autre de ces deux tendances prévaut. A Montpellier, l'évêque, Mgr de Cabrières, accueille les manifestants dans sa cathédrale ; mais dans le Biterrois, les vignerons « rouges » déboulonnent les rails de la Compagnie du Midi, accusée de complicité avec le gouvernement.

Les remèdes proposés par les autorités sont dérisoires. « Arrachez vos vignes, plantez des pins et des amandiers », dit un préfet. La tendance révolutionnaire s'en trouve renforcée et la direction du mouvement passe aux socialistes de Narbonne, dont le leader est le Dr Ferroul, maire socialiste-révolutionnaire. L'arrestation de celui-ci (19 juin 1907) provoque dans sa ville des charges de cuirassiers, des barricades et des morts dans la population civile. Simultanément, des mutineries ont lieu au 100e, au 12e, et surtout au 17e de ligne (20 juin), où les fils de vignerons chantent l'*Internationale* et mettent la crosse en l'air. Les leaders paraissent débordés par le mouvement : Ferroul adjure en vain les Narbonnais de renoncer à leurs barricades, et le comité d'Argelliers s'interpose pour faire rentrer les mutins dans le devoir.

L'effervescence se calme grâce à la loi de 1907, réprimant la fraude et instituant la déclaration de récolte, et surtout du fait de la remontée des cours, très sensible à partir de 1910 et pendant toute la guerre. La marque socialiste reste pourtant imprimée dans le mouvement naissant des coopératives, dont les noms valent un programme (l'Egalitaire, l'Avenir social, les Vignerons affranchis). C'est aussi l'époque où se crée la C.G.V. (Confédération Générale des Vignerons), forte organisation de défense professionnelle. C'est elle qui provoque en 1922 la signature des accords de Béziers, qui partagent le marché de l'alcool, et scellent la réconciliation provisoire de la vigne et de la betterave.

2. Malthusianisme et reconversion. — Les formidables vendanges de 1929, 1934 et 1935 relancent la crise, alourdie, plus que jamais, par la progression ininterrompue du vignoble algérien (226 000 ha en 1929, 400 000 en 1937). Sous l'impulsion du pharmacien Edouard Barthe, député de Béziers, représentant très efficace du *lobby* viticole à la Chambre, des lois, destinées à rétablir les cours, sont votées en 1931, 1933, 1934, 1935, 1936 et 1937 : taxe aux gros rendements, blocage des récoltes, distillation obligatoire, interdiction d'irriguer, arrachage de vignes et prohibition de cépages, échelonnement des ventes, warrantage des récoltes visent à réduire ou à discipliner l'offre. Le groupe viticole tente aussi d'obtenir un élargissement de la consommation vinique chez les jeunes, par la distribution de rations supplémentaires à l'assistance publique et dans l'armée (décret-loi du 30 octobre 1935).

Enfin, dans un but de publicité, on remet en honneur la mythologie nationale du vin, née dans les tranchées où l'on distribuait le *pinard* aux *poilus* : « Le vin est l'aliment qui entretient le feu sacré de l'âme française. »

L'ensemble des mesures législatives forme le statut viticole, nécessairement malthusien. Vaille que vaille, le marché se trouve organisé. La profession connaît souvent la gêne, mais la misère est moins aiguë, moins générale qu'en 1907. Elle est surtout sensible chez les ouvriers agricoles, en proie au chômage et aux bas salaires.

Tout comme la première guerre, la seconde relance les prix. Mais à partir de 1950, c'est à nouveau la mévente, et les viticulteurs mécontents barrent les routes, offrant un verre de vin aux automobilistes pour leur faire prendre patience. Les mesures classiques de lutte contre la fraude (1907) ou de malthusianisme (1931-1937) sont insuffisantes. Le problème d'une reconversion partielle est posé. Le *Compagnie nationale du Bas-Rhône-Languedoc* (1955) entreprend pour la première fois de rajeunir les structures vénérables héritées du XIXe siècle, et d'introduire dans les zones qui s'y prêtent des éléments de polyculture irriguée. Elle se heurte à de puissants intérêts : pour la propriété absentéiste (1/3 du vignoble), la vigne, régie comme au vieux temps par le contrat du métayage, et parfois administrée par téléphone d'une résidence parisienne ou lyonnaise, demeure le moins mauvais des placements.

Le canal du Bas-Rhône, apportant l'eau dans les plaines du Gard, de l'Hérault et de l'Aude orientale commence à exercer, semble-t-il, dans les années 1960 les mêmes effets révolutionnaires que les chemins de fer dans les années 1860. De toute façon, la monoculture intégrale est techniquement condamnée : le rendement moyen à l'hectare a baissé de 10 hectolitres dans l'Hérault depuis trente ans.

La crise des pays de montagne est bien plus grave que celle des zones viticoles. L'atonie économique s'y accompagne en effet d'une hémorragie démographique provoquée par un formidable exode rural. Les montagnes surpeuplées du XIXe siècle deviennent les déserts du XXe. En Cévenne, la baisse de la population atteint 80 % : « Les terroirs cultivés se contractent, l'essart et le champ isolé sont livrés au kermès, puis à l'yeuse. Les hameaux désertés parsèment la Cévenne... Les densités par trop faibles n'autorisent plus le maintien d'une vie sociale et commerciale organisée. Le seuil irrémédiable est alors atteint » (R. Dugrand). Seuls les bassins houillers (Alès), une industrie dynamique de la bonneterie (Le Vigan), la fourniture du lait aux caves de Roquefort, entraînant la rationalisation de l'élevage ovin (Causses), réussissent à fixer encore l'homme à la montagne.

3. **Toulouse.** — La décadence économique, commune au Languedoc et à bien d'autres régions du sud de l'Europe, n'est pourtant ni fatale ni universelle. Dans l'Aquitaine sous-développée, Toulouse, comme au XIXe siècle, marche à contre-courant de sa région, et donne depuis quarante ans l'exemple d'une éclatante fortune. Seule vraie grande ville du Languedoc (155 000 habitants en 1911), elle est aussi en 1914 l'agglomération française la plus éloignée du front. Elle est donc choisie comme zone-refuge pour l'industrie de guerre (explosifs, aviation). Grâce à Latécoère, Daurat, Guillaumat, Mermoz, Saint-Exupéry, elle devient après 1919 la grande ville française de l'aéronautique, tête de ligne de l'Atlantique-Sud et centre actif de production d'avions. Aujourd'hui *Sud-Aviation*, société nationale, vient en tête de la production européenne, grâce à la célèbre *Caravelle*. Quant à l'industrie chimique, fondée en 1924-1928 par l'Etat pour l'exploitation de brevets allemands dont les industriels français ne veulent pas, elle détient la première place en France pour l'azote industriel et ses sous-produits. L'énergie est fournie par les barrages des Pyrénées et du Massif central, et par le gaz de Saint-Marcet et de Lacq. Ainsi les capitaux d'Etat, aidés par l'initiative locale, ont changé le destin de cette ville, que Basville en 1698 jugeait à jamais impropre au commerce et à l'industrie, en raison de « l'indolence espagnole » de ses habitants. L'évolution toulousaine a valeur d'exemple : dans le renouvellement des structures économiques, le fait urbain doit jouer un rôle aussi important que la reconversion agricole.

Dans cette perspective cependant, le Languedoc

tout entier paraît bien placé. La construction d'un axe Rhône-Rhin par l'aménagement des fleuves, les techniques d'avant-garde (canalisation du Bas-Rhône, centre atomique de Marcoules), le tourisme enfin confèrent un avantage décisif à cette province voisine de la mer et d'un grand fleuve à vocation européenne.

L'implantation massive des « *pieds-noirs* », autour de 1960, l'a bien montré : mer et soleil, au XXe siècle, peuvent être des motifs de peuplement plus importants que vigne et charbon.

II. — La vie politique : avant-garde et stabilité

1. Le Midi bouge. — De prime abord, la mobilité politique du Languedoc fait contraste avec sa stagnation économique. Entre 1880 et 1946, les partis majoritaires s'usent rapidement et les électeurs accordent leur confiance à des équipes situées de plus en plus à gauche. La vie politique semble en constant renouvellement : en ce domaine, « le Midi bouge ».

La IIIe République est quelque temps l'âge d'or du radicalisme, inséparable du journal *La Dépêche* fondée à Toulouse en 1870. Entreprise commerciale, mais aussi grand organe d'opinion, lié au parti radical et à la Franc-Maçonnerie, *La Dépêche* « fait campagne pour Dreyfus, contre les congrégations, pour la séparation de l'Eglise et de l'Etat..., la journée de huit heures et la réforme de l'impôt sur le revenu » (Ph. Wolff). Elle demeure jusqu'à la Ve République, avec les frères Sarraut, puis Jean Baylet, un facteur important de la vie politique française. Dès 1900, ses idées sont au pouvoir. Le petit père Combes, originaire du Tarn, ancien professeur de grand séminaire, et président du Conseil de 1902 à 1905, mène l'offensive anticléricale. Albert Sarraut est sous-secrétaire d'Etat à l'Intérieur (1906), puis gouverneur général de l'Indochine (1911-1914). Mais, dès cette époque, une partie de la gauche languedocienne dépasse le radicalisme, jugé bourgeois, et elle s'identifie au socialisme de Jaurès.

Jean Jaurès est né à Castres en 1859, d'une famille de négociants, de drapiers et de propriétaires. Brillant élève de l'Ecole Normale Supérieure, il enseigne ensuite la philosophie à l'Université de Toulouse. Ses convictions républicaines, son goût de la justice sociale et son admiration pour la Révolution française et les grands conventionnels l'amènent progressivement au socialisme. En 1892, les mineurs de Carmaux, après une longue grève, l'élisent député. Il gagne au socialisme les ouvriers, mais aussi les médecins radicaux, et nombre de paysans : ceux-ci, « malgré curés, châtelains et sorciers », le reçoivent chez eux, admirent sa générosité, son éloquence et l'appétit pantagruélique avec lequel il engouffre rillettes, confits d'oie et pâté de foie. Fidèle à ses électeurs de Carmaux, Jaurès se heurte à Rességuier, patron de combat, qui lockoute en 1895 les ouvriers de la verrerie, dans l'espoir de leur donner une leçon et d'abattre le prestige du tribun. Avec les lockoutés, Jaurès fonde alors, non sans peine, la verrerie ouvrière d'Albi. A l'inauguration en 1896, il fait scandale en chantant *La Carmagnole*, et le *Ça ira*. La haine et la calomnie commencent à déferler autour de lui : « Je me sens couvrir de crachats, je sens grimper les limaces », écrit-il à cette époque. Ceux qui le connaissent savent que c'est un homme simple, souvent négligé dans sa mise. « Ses pantalons sont d'un style moins sûr que ses discours. » Ses ennemis cependant n'hésitent pas à affirmer que dans sa maison du Tarn il reçoit ses invités en culotte de satin, et les abreuve de vin de Samos. En 1898, après une campagne acharnée du marquis de Solages, propriétaire des mines, il est battu à Carmaux, aux cris de « A bas Jaurès, A bas Zola ». En 1902, il retrouve son siège ; son histoire, jusqu'à son assassinat en 1914, se confond avec celle du Parti socialiste français.

Fait presque unique en France, on assiste aussi, à cette époque, au développement d'un syndicalisme d'ouvriers agricoles, qui s'explique par le rôle essentiel du salariat dans la viticulture. Il naît dans les villages de l'arrondissement de Béziers. Un congrès ouvrier viticole, dont l'idée est lancée par le congrès national de la C.G.T. (Montpellier, 1902), se réunit à Béziers (1903), puis à Narbonne (1904). Ces syndicats s'opposent, lors des grèves de 1902-1904, aux patrons de la vigne « qu'ils soient monarchistes, républicains ou même socialistes ». Pénétrés d'idéologie syndicaliste-révolutionnaire, ils hésitent quelque temps à se joindre aux propriétaires, lors du mouvement de 1907 ; et ils observent jusqu'en 1914 une indépendance jalouse par rapport au parti socialiste S.F.I.O.

Après la première guerre, le Midi républicain devient un Midi socialiste. En 1936, Gard, Hérault, Aude, Haute-Garonne, Tarn élisent des députés S.F.I.O. : parmi eux, Léon Blum, député de Narbonne, Vincent Auriol, élu de Muret (Haute-Garonne) occupent respectivement la présidence du Conseil et le ministère des Finances dans le gouvernement de Front populaire. La défense viticole trouve en eux des avocats bien placés. Cependant, les socialistes, à leur tour, sont débordés sur leur gauche. En 1936, deux communistes sont élus dans le bassin houiller d'Alès.

La deuxième guerre et la Résistance modifient-elles les structures politiques de base ? Certes l'occupation allemande ne survient qu'en 1942, mais les restrictions alimentaires, surtout dans la zone viticole, démunie de grains et de bétail, avivent le mécontentement. La Résistance commence par la formation de réseaux dispersés *(Combat, Libération, France d'abord, Franc-Tireur)*, qui ont des points d'appui dans l'Ardèche et dans le Gard, à Toulouse et à Montpellier. La plupart sont dirigés de Lyon, capitale de la Résistance, en zone Sud. Certains sont « indigènes » (*Libérer-Fédérer* à Toulouse, *Liberté* à Montpellier). Puis une concentration s'opère, au profit des *M.U.R. (Mouvements unis de Résistance)* et du *Front national*, animé surtout par des militants communistes. La troisième étape passe par la formation de maquis dans les régions montagneuses. Celui du Gard est l'un des plus actifs : dès le début de 1944, les zones de l'Aigoual et du mont Lozère sont pratiquement libérées. Le maquis, ravitaillé en explosifs par les mineurs, compte 4 000 hommes armés, dirigés par des militants ouvriers, un pasteur et un avocat. D'autres maquis, qui retrouvent spontanément certaines traditions des Camisards opèrent dans l'Ardèche, la Lozère, le Tarn, la Montagne-Noire, bref sur tout le rebord sud du Massif central. Hors des zones opérationnelles, autour de Toulouse, dans l'Hérault, d'innombrables sabotages sont opérés sur les voies ferrées, et spécialement sur les tunnels, après le débarquement de Normandie (6 juin 1944).

Dans la nuit du 15 août 1944, les alliés débarquent en Provence ; ils remontent ensuite la vallée du Rhône au cours d'une progression qui les mènera jusqu'en Alsace, et ils laissent aux maquis le soin de libérer le Languedoc. De fait, entre le 19 et le 25 août 1944, *F.F.I.* et *F.T.P.* s'installent, non sans de vifs combats parfois, dans les grandes villes qu'abandonnent les Allemands en retraite. Cette « autolibération » régionale est un fait décisif, qui domine toute la vie politique d'après-guerre, et crée jusqu'en 1947 une véritable situation révolutionnaire, sans équivalent dans le nord de la France. Dès septembre 1944, le bassin houiller du Gard est nationalisé par les autorités régionales. Les élections de novembre 1946 sont un succès pour les deux partis qui se réclament du marxisme : le communisme domine dans le Languedoc de l'Est (Gard, Hérault, Ardèche, Lozère), le socialisme S.F.I.O. est plus fort à l'ouest (Aude, Haute-Garonne, Ariège). Les suffrages catholiques, renforcés par le vote des femmes, se détournent des notables traditionnels, et se reportent sur le M.R.P., influent notamment dans la zone montagneuse, où la pratique religieuse reste forte (Tarn). Après les grèves de 1947, d'une extraordinaire puissance, un certain reflux se produit, très net depuis les élections de 1951. Mais les bases géographiques de l'implantation de la gauche demeurent solidement établies.

2. **Géographie électorale et géographie économique.** — Au total, le contenu de la vie politique languedocienne, depuis un siècle, s'est profondément modifié. La gauche individualiste et libérale du XIXe siècle est devenue la gauche dirigiste ou collectiviste de 1946. La droite aristocratique et populaire, que symbolisent les noms de Villèle et de Trestaillon, a fait place à une droite maurrassienne, ou simplement conservatrice et bourgeoise. Ces déplacements idéologiques ne sauraient masquer, pourtant, l'étonnante stabilité de la géographie électorale. Le glissement vers les

opinions avancées signifie simplement qu'une extrême-gauche succède à une gauche, non pas que la gauche évince la droite. Communistes et socialistes s'implantent aux mêmes villages, aux mêmes cantons que les républicains de 1880. Les frontières qui séparent les pays rouges des pays blancs n'ont presque pas varié depuis cent ans, comme le prouvent l'exemple de l'Ardèche (A. Siegfried) ou les cartes de François Goguel. Cette stabilité s'explique aisément : c'est que la gauche, urbaine dans le Nord, est ici à majorité rurale, en raison de la structure archaïque des villes. Montpellier, ville de rentiers du sol, votait régulièrement plus à droite que sa campagne, où résident les travailleurs de terre. Les bases fondamentales des partis de gauche demeurent donc les mêmes qu'en 1900 : ce sont les pays de vignobles, les bassins houillers, les vieilles Cévennes protestantes, ce sont les régions d'économie triomphante du XIXe... ou du XVIe siècle, celles-là mêmes qui aujourd'hui déclinent parfois. La fraction la plus dynamique de l'opinion languedocienne est ainsi bien malgré elle figée dans une géographie vétuste, prisonnière de structures économiques dépassées.

Ainsi l'histoire politique ramène au problème essentiel, celui du sous-développement ; et la solution de ce problème implique une seconde révolution économique, comparable par son ampleur à celle qui transforma la région entre 1750 et 1870.

Depuis dix ans, dans un Languedoc économiquement réanimé, cette seconde révolution semble « bien partie ».

BIBLIOGRAPHIE

Annales du Midi (Toulouse).

DEVIC et VAISSETTE, *Histoire générale de Languedoc.*

GACHON, *Histoire de Languedoc* (Paris, 1921).

Languedoc méditerranéen et Roussillon d'hier et d'aujourd'hui, articles de J. COMBES, A. DUPONT, P. JOURDA, O. de DAINVILLE, J. CLAPARÈDE, etc. (Nice, 1947).

M. LOUIS, *Préhistoire du Languedoc* (Nîmes, 1948).

M. LOUIS et O. et J. TAFFANEL, *Le premier âge du fer languedocien* (Montpellier, 1960).

J. JANNORAY, *Ensérune* (Paris, 1955).

A. DUPONT, *Les cités de la Narbonnaise première* (Nîmes, 1942).

Ph. WOLFF, *Commerce et marchands de Toulouse (1350-1450)* (Paris, 1954).

— *Histoire de Toulouse* (Toulouse, 1958).

A. GOURON, *Les métiers en Languedoc au Moyen Age* (Paris, 1958).

M. GOURON, *Les étapes de l'histoire de Nîmes* (Nîmes, 1939).

R. NELLI, *Ecritures cathares* (Paris, 1960).

— *Le Languedoc et le comté de Foix* (Paris, 1958).

L.-J. THOMAS, *Montpellier, ville marchande* (Montpellier, 1936).

P. DOGNON, *Les institutions du Languedoc du XIIIe siècle aux guerres de religion* (Toulouse, 1895).

C. CAMPROUX, *Histoire de la littérature occitane* (Paris, 1953).

R. REY, *La sculpture romane languedocienne* (Toulouse, 1936).

Souvenirs de Félix et Thomas PLATTER (Montpellier, 1892).

MONIN, *Histoire administrative du Languedoc sous Basville* (Paris, 1884).

L. DUTHIL, *L'état économique de Languedoc (1750-1789)* (Paris, 1911).

GÉRAUD, *Le commerce des vins en Languedoc sous l'Ancien Régime* (Montpellier, 1957).

A. SOBOUL, *Les campagnes montpelliéraines à la fin de l'Ancien Régime* (Paris, 1958).

E. APPOLIS, *Le diocèse civil de Lodève* (Albi, 1951).

Ch. POUTHAS, *Une famille de bourgeoisie française de Louis XIV à Napoléon* (étude sur la Révolution à Nîmes) (Paris, 1934).

L. DERMIGNY, *Sète de 1666 à 1880* (Montpellier, 1955).

P. CARRÈRE et R. DUGRAND, *La région méditerranéenne* (Paris, 1960).

A. SIEGFRIED, *Géographie électorale de l'Ardèche* (Paris, 1949).

D. FAUCHER, J. GODECHOT, J. FOURCASSIÉ, E. LAMBERT, *Visages du Languedoc* (Paris, 1949).

COPPOLANI, *Toulouse* (Toulouse, 1954).

P. MARRES, *La vigne et le vin en France* (Paris, 1950).

M. TUDEZ, *Le développement de la vigne dans la région de Montpellier* (Montpellier, 1934).

E. LE ROY LADURIE, *Les paysans de Languedoc*, Paris, 1966.

TABLE DES MATIÈRES

Imprimé en France
Imprimerie des Presses Universitaires de France
73, avenue Ronsard, 41100 Vendôme
Janvier 1990 — N° 35 192